Mark Hertsgaard

DIE AUFRECHTEN

Whistleblowing
in der Ära Snowden

Aus dem Englischen von
Henning Dedekind, Enrico Heinemann,
Karsten Petersen und Stephanie Singh

Carl Hanser Verlag

Titel der Originalausgabe:
Bravehearts
Whistle-Blowing in the Age of Snowden
Hot Books, New York 2016

1 2 3 4 5   20 19 18 17 16

ISBN 978-3-446-25399-5
Copyright © 2016 by Mark Hertsgaard
Alle Rechte der deutschen Ausgabe
© Carl Hanser Verlag München 2016
Satz: Greiner & Reichel, Köln
Druck und Bindung: Friedrich Pustet, Regensburg
Printed in Germany

MIX
Papier aus verantwor-
tungsvollen Quellen
FSC® C014889

Meiner Mutter, Evelyn Margaret Hertsgaard –
auf immer und ewig.

Inhalt

III Der »Dritte Mann«

Epilog

Anhang

1 Snowden und seine Lehrer

Inzwischen weiß fast jeder, was Edward Snowden getan hat: Er enthüllte einige der geheimsten Dokumente aller Zeiten. Sie offenbarten, dass die Regierung der USA rund um die Uhr Hunderte Millionen Menschen ausspäht, indem sie Telefonate und E-Mails von beinahe jedem sammelt, der ein Mobiltelefon oder das Internet nutzt – und dass sie dies abstritt.

Snowdens Enthüllungen erschienen zuerst im Juni 2013 in der Zeitung *The Guardian*. Sie lösten einen weltweiten Medienrummel und eine hitzige politische Debatte aus. Empörte Verfechter der Privatsphäre und der Bürgerrechte monierten, die flächendeckende, ohne richterliche Erlaubnis durchgeführte Überwachung verletze den vierten Zusatzartikel zur Verfassung der Vereinigten Staaten und erinnere an die totalitären Methoden des Big Brother aus George Orwells dystopischem Roman *1984*. Ebenso wütende Regierungsvertreter bezeichneten Snowden als Dieb und Verräter, dessen illegale Enthüllungen dem Kampf gegen den Terrorismus massiv geschadet und die Sicherheit der Amerikaner aufs Spiel gesetzt hätten.

Doch Edward Snowdens Großtaten haben noch andere interessante Facetten. Wer wissen will, warum Snowden das, was er tat, *auf genau diese Weise tat*, muss die Geschichte zweier weiterer Männer kennen.

Einer von ihnen ist Thomas Drake. Wie Snowden arbeitete er für die nationale Sicherheitsbehörde (National Security Agency), jene große staatliche Organisation, welche die umstrittene Überwachungsarbeit durchführt. Drake versuchte schon Jahre früher, genau jene Praktiken offenzulegen, die Snowden später aufdecken sollte. Anders als Snowden benutzte Drake dazu allerdings legale Kanäle. Und das ging nicht gut.

Drake hatte innerhalb der NSA eine weit höhere Position als Snowden. Als Mitglied des »senior executive service« berichtete er an den dritthöchsten Vertreter der Behörde. Nachdem Drake erst innerhalb der NSA, dann gegenüber dem Kongress und schließlich gegenüber der Presse Geheimnisverrat begangen hatte, wurde er mit Waffengewalt festgenommen, in der Presse diffamiert, mit lebenslanger Haft bedroht sowie beruflich und finanziell ruiniert. In den Interviews für dieses Buch resümiert er, dieser Leidensweg habe ihn »vernichtet« und »zerstört«. Zu allem Übel wurden seine Warnungen vor dem Überwachungsprogramm der NSA von den Mainstreammedien weitgehend ignoriert und hatten kaum Einfluss auf öffentliche Wahrnehmung und Regierungspolitik.

Aber sie hatten großen Einfluss auf Snowden. Zwar inspirierte ihn Drake nicht dazu, zum Whistleblower zu werden. Diese Entscheidung scheint er allein getroffen zu haben, getrieben von seiner Überzeugung, insbesondere die Amerikaner hätten das Recht darauf, von ihrer Überwachung zu erfahren und selbst zu entscheiden, ob die Bedrohung ihrer Freiheit und Privatsphäre die angebliche zusätzliche Sicherheit durch die Überwachung wert waren.

Doch Snowden lernte von Drake Entscheidendes darüber, wie man seine Ideen effektiv in die Tat umsetzt. Vor allem lernte er, wie man beim Whistleblowing *nicht* vorgehen sollte – insbesondere, dass man keine offiziellen Kanäle benutzen sollte. Später bescheinigte er Drake mehrfach, den Weg vorgegeben zu haben. »Man kann mit Fug und Recht sagen, dass es ohne einen Thomas Drake keinen Edward Snowden hätte geben können«,[1] sagte er 2015 gegenüber Al Jazeera.

Und dann ist da der »Dritte Mann«. Seine Enthüllungen, über die nie zuvor berichtet wurde, fügen Edward Snowdens Geschichte ein faszinierendes Kapitel hinzu – ein Kapitel, das Episode um Episode von doppeltem Spiel, bürokratischen Hinterhältigkeiten und Gesetzesbrüchen geprägt ist.

Die größte Ironie dabei: Die hochrangigen Pentagon-Mitarbeiter, die bei ihren Ermittlungen gegen Drake wiederholt das Gesetz brachen, lehrten Snowden auf diese Weise unwissentlich, wie er ihren Fängen entgehen konnte.

Der »Dritte Mann« war ein hochrangiger Mitarbeiter des Pentagon, dessen weitreichende – und vielfach bekämpfte – Beteiligung an Drakes Fall Snowdens spätere Entscheidung beeinflusste, das Whistleblowing in Form zivilen Ungehorsams zu begehen – wenngleich weder Snowden noch Drake den »Dritten Mann« damals kannten. Während Snowden durch die Aufdeckung geheimer NSA-Dokumente weltberühmt wurde und über Drakes unglückliche Geschichte immerhin teilweise in den US-Medien berichtet wurde, blieb die Identität des »Dritten Mannes« im Dunkeln – bis jetzt. In diesem Buch nennt er seinen Namen und äußert sich zum ersten Mal öffentlich.

Die Lebensgeschichte des »Dritten Mannes« ist außergewöhnlich: Sein Großvater richtete eine Pistole auf Hitler, als dieser im Zuge des Hitler-Putschs 1923 erstmals versuchte, die Macht in Deutschland an sich zu reißen. Daraus zog der »Dritte Mann« die Lehre, man solle »im Leben ungeachtet der Risiken immer versuchen, das Richtige zu tun«. Diese Lektion brachte ihn Jahre später dazu, innerhalb des Systems für einen fairen Umgang mit Drake, Snowden und anderen Whistleblowern zu kämpfen. Dabei wurde er Zeuge illegaler, korrupter und manchmal auf düstere Weise komischer Vorgänge – Erlebnisse, die ihn schließlich selbst zum Whistleblower machten.

Sollten die Aussagen des »Dritten Mannes« von der Justiz bestätigt werden, könnten heutige und ehemalige Pentagon-Mitarbeiter im Gefängnis landen. (Bei Drucklegung dieses Buchs fanden – in aller Stille – bereits offizielle Ermittlungen statt.) Seine Aussagen widersprechen auch grundlegend der gemeinsamen Position Präsident Obamas und dessen ehemaliger Außenministerin Hillary Clinton hinsichtlich des Falls Snowden: Beide hatten wiederholt behauptet, Snowden hätte seine Bedenken über offizielle Kanäle kundtun können, da er durch das US-Gesetz zum Whistleblowing geschützt sei. Im Gegensatz dazu legen die Aussagen des »Dritten Mannes« nahe, Whistleblowing in Form zivilen Ungehorsams sei Snowdens einzige Möglichkeit gewesen, im öffentlichen Interesse zu handeln – wenngleich er einen fürchterlichen Preis dafür bezahlte.

Betrachtet man die sich überschneidenden Geschichten dieser drei Männer, so erfährt man viel über die Funktionsweise von Whistleblowing, rechenschaftspflichtigem Regieren, Demokratie und sozial gesinntem Journalismus im heutigen Amerika. Was sehen wir, wenn sich der Vorhang hebt, hinter dem das Innenleben der US-Regierung normalerweise verborgen ist? Wer weiterliest, wird es erfahren.

»Was sie fürchtet, ist das Licht«

Wie viele Whistleblower vor und nach ihnen wurden auch Snowden und Drake für ihr Handeln stark kritisiert. Am schärfsten verurteilt wurden sie von den Kollegen des nationalen Sicherheitsapparats: Diese verunglimpften die beiden als Kriminelle, Naivlinge und Egomanen. Nicht wenige regierungsnahe Journalisten und Experten stimmten ein. Sie fragten, wie eine Regierung funktionieren und gar die öffentliche Sicherheit inmitten einer gefährlichen Welt gewährleisten solle, wenn jeder Staatsbedienstete seine eigene Einschätzung richtigen und falschen Handelns über die Ansicht seiner Vorgesetzten stellen dürfe. Der Kolumnist Michael Kinsley nannte Snowden in der *New York Times* einen »politischen Romantiker ... mit der niedlichen, unschuldig verschwörerischen Weltsicht eines altklugen Teenagers.«[2] Kinsley fuhr fort, Entscheidungen über die Veröffentlichung von Regierungsgeheimnissen müssten »letztlich von der Regierung getroffen« werden.

Allein der Regierung die Entscheidungsgewalt darüber zu überlassen, welche Geheimnisse der Öffentlichkeit mitgeteilt werden, berge allerdings andere Gefahren, entgegnet Ben Wizner von der Amerikanischen Bürgerrechtsunion (American Civil Liberties Union), einer von Snowdens US-Anwälten. »Stellen Sie sich vor, die Öffentlichkeit hätte seit (den terroristischen Anschlägen des 11. September) nur Zugang zu jenen Informationen gehabt, die uns die Exekutive zu sehen erlaubt«, so Wizner. »Dann wüssten wir nicht, dass die Entscheidung für den Irakkrieg auf Lügen und Falschdarstellungen basierte. Wir wüssten nichts von Abu Ghraib (dem Gefängnis in Bagdad, in dem US-Soldaten Häftlinge gefoltert haben). Wir wüssten nicht, dass die US-Regierung ein außergewöhnliches Auslieferungsprogramm verfolgte und Gefangene folterte. Wir wüssten nicht, dass die Regierung Bush das Gesetz zur Überwachung in der Auslandsaufklärung (Foreign Intelligence Security Act) missachtet und die amerikanischen Bürger sowie Millionen Menschen auf der ganzen Welt umfassend überwacht. Für all diese Aktivitäten galten die höchsten Geheimhaltungsstufen. Die Öffentlichkeit weiß davon nur dank mutiger Whistleblower, die diese Informationen ans Licht gebracht haben. Ich glaube, niemand kann behaupten, es sei für die amerikanische Demokratie besser, die Öffentlichkeit wisse all dies nicht.«

In 30 Jahren als unabhängiger Journalist und Autor habe ich über viele Whistleblower aus dem privaten wie öffentlichen Sektor berichtet, unter anderem in *Vanity Fair, Newsweek, The Nation, The Los Angeles Times* sowie in internationalen Medien wie der *BBC, Le Monde Diplomatique* und *Die Zeit*. Meine Reportagen führen mich zu der Ansicht, dass Whistleblower – ob man ihre Meinung teilt oder nicht – eine größere Rolle für das öffentliche Leben spielen, als ihnen gemeinhin zugebilligt wird, und dass sie unsere Aufmerksamkeit und unser Verständnis verdienen.

Wahrscheinlich wird die Bedeutung der Whistleblower in den nächsten Jahren noch wachsen. Die Mechanismen, die Amerikas Demokratie regeln sollen, funktionieren nicht mehr: Die Exekutive wartet nicht mehr auf einen Parlamentsbeschluss, ehe sie kriegerische Handlungen beginnt. Nachrichtenagenturen sind so gewinnorientiert, dass sie nicht nur investigativen Journalismus, sondern sogar die grundlegende Berichterstattung über Themen des öffentlichen Interesses unmöglich machen. Der Kongress scheint nicht willens, Behörden mit genug Geld auszustatten, um gefährliche oder betrügerische Unternehmensaktivitäten zu unterbinden. Whistleblower bieten hier ein wichtiges Korrektiv: Sie decken auf, was mächtige Einzelpersonen und Institutionen geheim halten wollen. Das gibt ihnen keinen Freifahrtschein, unbegründeten Verdacht zu schüren oder Rufschädigung zu betreiben. Aber es heißt, dass ihre Möglichkeit, sich frei und ohne Angst vor Strafe zu äußern, geschützt werden sollte. Und wenn sie sich äußern, sollten wir alle aufmerksam zuhören.

Bevor Snowden die folgenreiche Entscheidung traf, hochgeheime Dokumente aus den Datenbanken der NSA zu entwenden und sie den Journalisten Glenn Greenwald und Laura Poitras zu übergeben, war seine größte Sorge, die von ihm aufgedeckten Wahrheiten könnten folgenlos bleiben. Er wusste, dass die Weitergabe vertraulicher Informationen an nichtberechtigte Personen schlicht illegal war und ihm eine hohe Strafe drohte. Ewen MacAskill, ein Reporter der Zeitung *The Guardian*, der Snowden gemeinsam mit Poitras und Greenwald in Hong Kong interviewte, fragte den jungen NSA-Mitarbeiter, was seiner Meinung nach wohl mit ihm geschehen werde. Snowdens Antwort war schlicht und präzise: »Nichts Gutes.« Getrieben von der Gewissheit, das Richtige zu tun, war Snowden dennoch bereit, seinen hochbezahlten Job aufzugeben, von seiner Familie und seiner Freundin getrennt zu leben und vielleicht den Rest seines Lebens im Gefängnis zu verbringen.

»Bei alldem habe ich nur vor einem Angst«, schrieb Snowden in seiner ersten Online-Unterhaltung mit Greenwald, nämlich »dass die Menschen diese Dokumente sehen und mit einem Achselzucken darüber hinweggehen, dass sie sagen: >Das haben wir uns schon gedacht, das kümmert uns nicht.< Ich habe Sorge, dass ich all das für nichts und wieder nichts tue.«[3]

Snowdens Sorge mag im Rückblick seltsam klingen, aber sie war berechtigt. Der Blick in die Geschichte zeigt, dass es der Mehrheit der Whistleblower nicht einmal gelang, jenes kollektive Schulterzucken herbeizuführen, das Snowden befürchtete.

Whistleblower riskieren Karriere, Ruf, Freundschaften, Familienbande, körperliche und geistige Gesundheit und manchmal sogar ihr Leben, indem sie Informationen aufdecken, die mächtige Kräfte geheim halten wollen. Und oft kommt nicht viel dabei heraus. Die Enthüllungen finden keine oder wenig mediale Aufmerksamkeit und stoßen keine richtige Debatte über die kritisierte Politik oder das kritisierte Verhalten an – von Reformen ganz zu schweigen. Zugleich liegt das Leben der Whistleblower danach oft in Trümmern. Die Sache läuft immer ungefähr gleich ab, egal, ob der Whistleblower für die Regierung, ein Unternehmen, eine internationale Organisation, eine religiöse Institution oder andere bürokratische Apparate tätig ist.

»Die einzige Befriedigung, mit der Whistleblower rechnen dürfen, liegt darin, dass sie das Richtige getan haben«, so Thomas Devine, Leiter der Rechtsabteilung von GAP (Government Accountability Project) in Washington DC. Diese erste Anwaltsvereinigung weltweit, die sich für die Rechte von Whistleblowern einsetzt, gehört auch zu Snowdens Rechtsvertretungen in den USA.

Ein beeindruckendes Beispiel betrifft den Einsatz von Drohnen als Tötungswerkzeuge durch die US-Regierung. Im Oktober 2015 veröffentlichte *The Intercept* – eine investigative

Nachrichtenseite, die von Greenwald, Poitras und Jeremy Scahill gegründet wurde – eine Reihe von Berichten über »eine Reihe geheimer Dokumente über Details des Ermordungsprogramms des US-Militärs in Afghanistan, im Jemen und in Somalia.« Die Unterlagen stammten von einem Whistleblower, »der in direkter Verbindung mit dem Ermordungsprogramm steht«, schrieb Scahill, leitender Journalist der Berichtreihe. Drohnenschläge waren ein zentrales Element der Militärstrategie der Obama-Regierung. Befürwortern zufolge seien sie eine günstigere, weniger riskante Alternative zum Einsatz von US-Truppen. Kritiker argumentieren, Personen würden auf »Tötungslisten« gesetzt und auf Basis geheimer Beschlüsse, ohne Anklage, Verfahren oder andere rechtliche Schritte exekutiert. Die *Intercept*-Reihe »The Drone Papers« enthüllte viel Berichtenswertes, darunter den Vorwurf, viele der durch Drohnen Getöteten seien Zivilisten gewesen (zu einem bestimmten Zeitpunkt waren geschätzte 90 Prozent der in Afghanistan Ermordeten Zivilisten).

Trotz dieser neuen Erkenntnisse über ein umstrittenes Programm der Regierung wurde die Artikelserie aus *The Intercept* kaum wahrgenommen – nicht zuletzt, weil die anderen Medien die Geschichten nicht auf die Titelseiten hoben. »In Medien jenseits des Mainstreams gab es eine Flut an Berichterstattung über unsere Enthüllungen; die etablierten Medien berichteten in geringerem, aber immer noch signifikantem Umfang«, erzählte mir Betsy Reed, Chefredakteurin von *The Intercept*. »Die größten Nachrichtenredaktionen, etwa die *Times* (…), erwähnten zwar die Enthüllungen als solche, beschäftigten sich aber nicht mit den Dokumenten selbst oder mit unserer Berichterstattung darüber. Ich möchte nicht über die Gründe dieses Verschweigens spekulieren, aber ich glaube, sie hätten ihren Lesern einen guten Dienst erwiesen, wenn sie über die Enthüllungen berichtet hätten, denn diese schlossen entscheidende Lücken im Verständnis der nationalen Sicherheitsinitiative der Obama-Regierung.«

Wer immer hinter der Veröffentlichung der Panama Papers im April 2016 steckt, hatte damit weit größeren Einfluss. Die Panama Papers, die als »größtes Datenleck der Geschichte« gelten, umfassen 11,5 Mio. Dokumente und belegen, wie Staatschefs und andere reiche, mächtige oder berühmte Menschen insgeheim Steuerparadiese wie Panama nutzen, um keine Steuern zahlen zu müssen. Über diese Enthüllungen berichteten die Medien ausführlich – auch, weil der ursprüngliche Empfänger der Dokumente, die *Süddeutsche Zeitung*, das International Consortium of Investigative Journalists (Internationales Konsortium von Investigativjournalisten) zur Zusammenarbeit einlud. Das Konsortium wiederum bat 107 Nachrichtenredaktionen in 78 Ländern um Hilfe bei der Bearbeitung der Dokumente, die von der Anwaltskanzlei Mossack Fonseca in Panama stammten. Die Enthüllungen füllten die Titelseiten; in der Politik rollten unverzüglich Köpfe. Wegen eines geheimen Investmentfonds seiner Frau trat der Premierminister von Island binnen 48 Stunden zurück. Der britische Premierminister geriet ins Kreuzfeuer, weil sein verstorbener Vater an einem ähnlichen Fonds beteiligt gewesen war. Auch die Staatschefs von Russland, China und vielen anderen Ländern wurden bloßgestellt. Mossack Fonseca stritt jedwedes rechtswidrige Verhalten ab und behauptete, die Veröffentlichung der Dokumente sei durch Hacker außerhalb der Kanzlei geschehen und somit kriminell.

Bei Drucklegung dieses Buchs hatte sich die Quelle der Panama Papers noch immer nicht offenbart. Selbst der Direktor des International Consortium of Investigative Journalists sagte, er wisse nicht, ob es sich um einen Hacker oder einen Insider handele. Wäre die Quelle tatsächlich ein Hacker, könnte er nicht als Whistleblower gelten, denn ein Whistleblower ist ein Insider, der bislang geheime Informationen an die Außenwelt weitergibt. Unabhängig von der Semantik zeigen die Panama Papers auf dramatische Weise, von welcher Wichtigkeit und welchem Wert es ist, dass die Öffentlichkeit weiß, was die Privilegierten und Mächtigen hinter verschlossenen Türen treiben.

Snowden erwies sich allerdings auch als eine solch sensationelle Ausnahme von der Regel, der zufolge Whistleblower nicht gehört werden. Als zunächst *The Guardian* und später *The Washington Post* auf seinen Enthüllungen basierende Artikel veröffentlichten, wurde der 29-jährige ehemalige NSA-Mitarbeiter der berühmteste – oder berüchtigtste, je nach Perspektive – Whistleblower der Geschichte. Sein blasses, bebrilltes Gesicht mit dem Kinnbart flimmerte weltweit auf zahllosen Fernsehern und Computerbildschirmen, während Politiker, Experten und ganz normale Leute auf die Nachricht reagierten, dass die US-Regierung nach dem 11. September beinahe jeden Telefonanruf, jede E-Mail und jeden Website-Aufruf weltweit abgefangen und gespeichert hatte. Snowdens erklärtes Ziel, durch die Aufdeckung geheimer Aktivitäten eine informierte öffentliche Debatte auszulösen, wurde auf spektakuläre Weise erreicht.

»Wenn Sie mich unterstützen möchten«, schrieb er in einem offenen Brief, den er den zuerst veröffentlichten Unterlagen beigefügt hatte, »schließen Sie sich der Open-Source-Community an und kämpfen Sie darum, den Geist der Presse am Leben zu erhalten und die Freiheit des Internets zu bewahren. Ich kenne die dunkelsten Winkel der Regierung; was sie fürchtet, ist das Licht.«[4]

»Alles war auf Lügen gebaut«

Bezüglich des Bekanntheitsgrads mit Snowden vergleichbar ist einzig Daniel Ellsberg. 1971 veröffentlichte er in der *New York Times* und der *Washington Post* die sogenannten Pentagon-Papiere – hunderte höchst geheime Berichte und Aktennotizen –, die aufdeckten, dass die US-Regierung den Vietnamkrieg schlicht unter falschen Vorwänden begonnen hatte und weiterführte. Insgeheim hatten US-Militär und Diplomaten aus der gesamten Führungsriege bereits Jahre zuvor erkannt, dass man den Vietnamkrieg nicht gewinnen könne. Öffentlich verkündeten sie jedoch Sieg um Sieg; ihr Verweis auf angebliches »Licht am Ende des Tunnels« brachte es zu trauriger Berühmtheit. Tausende junger Männer wurden in den Krieg entsandt und verloren vielleicht ihr Leben, Gliedmaßen oder die geistige Gesundheit. Die USA bombardierten noch mehr vietnamesische Dörfer, vergifteten Boden und Wasser und töteten oder verstümmelten zahllose Zivilisten.

Der Vietnamkrieg war damals in den USA das größte Streitthema. Dass Ellsberg die zugrundeliegende Lüge aufdeckte, machte ihn über Nacht zur Mediensensation. Wie 42 Jahre später Snowden gab sich auch Ellsberg als Whistleblower zu erkennen, um ehemalige Kollegen vor diesem Verdacht zu schützen. In Mantel und Krawatte, aber mit längeren Haaren als während seiner Zeit als Marineoffizier erklärte der 40-jährige Ellsberg auf einer Pressekonferenz, er könne sich damit abfinden, vielleicht den Rest seines Lebens im Gefängnis zu verbringen. »Würden Sie nicht ins Gefängnis gehen, um diesen Krieg zu verhindern?«, fragte er. Wie im Fall Snowden diskutierten Regierungsvertreter, Fernsehredakteure und Zeitungsjournalisten schon bald darüber, ob dieser selbsterklärte Fürsprecher der Wahrheit ein Held oder ein Verräter sei.

Ellsberg wurde noch berühmter, als er ohne sein Wissen den Watergate-Skandal beförderte, der schließlich zum Amtsenthebungsverfahren gegen Präsident Richard Nixon und zu dessen Rücktritt führte. Es klingt wie eine Quizfrage zur US-Geschichte: Warum wurden die Einbrecher, die in die Büros des Democratic National Committee im »Hotel Watergate« einstiegen, »die Klempner« genannt? Antwort: Weil sie zuvor für die Regierung Nixon in das Büro von Ellsbergs Psychiater eingebrochen waren, um jenen Mann in ein schlechtes Licht zu rücken, der die Pentagon-Papiere enthüllt hatte. (Ellsberg war ein Informationsleck, und Klempner stopfen bekanntlich Lecks.)

Snowden und Ellsberg haben jedoch mehr gemeinsam als nur den Ruhm – ihre Entwicklungen als Whistleblower gleichen einander eher, als dass sie sich unterscheiden. Beispielsweise glaubten beide zunächst fest an die zur jeweiligen Zeit offizielle amerikanische Ideologie. Im Fall Ellsberg war dies der Kalte Krieg gegen den Kommunismus, im Fall Snowden der Krieg gegen den Terror nach dem 11. September. »2003, als alle anderen (gegen den Einmarsch der USA in den Irak) protestierten, meldete ich mich (zum Militärdienst), weil ich nicht glauben konnte, dass die Regierung in der Frage der Massenvernichtungswaffen lügen würde«, erinnerte sich Snowden später.

Snowden und Ellsberg wurden beide massiv kritisiert, sowohl von hohen Regierungsvertretern als auch von großen

Teilen der Medien und der Öffentlichkeit. Henry Kissinger, Nixons Berater für innere Sicherheit und ehemaliger Kollege von Ellsberg, nannte diesen auf einem der geheimen Audiomitschnitte Nixons aus dem Weißen Haus »den gefährlichsten Mann in Amerika«, der »um jeden Preis gestoppt« werden müsse. Seinem Generalstaatsanwalt John Mitchell trug Nixon auf: »Wir müssen diesen Hurensohn fangen. Einen solchen Diebstahl im großen Stil kann man nicht zulassen, sonst geschieht er überall in der Regierung.« Mitchell klagte Ellsberg denn auch wegen Spionage und Verschwörung an, was diesem 115 Jahre im Gefängnis beschert hätte, doch die von der Regierung erhobene Anklage brach zusammen, als der Einbruch der »Klempner« in das Büro von Ellsbergs Psychiater ans Licht kam.

Vier Jahrzehnte später gab es ein Déjà-vu, als Außenminister John Kerry Snowden als »Feigling« beschimpfte, der »sein Land verraten« habe. Er fügte hinzu: »Er hat gegenüber den Terroristen viele Mechanismen offengelegt, die jetzt deren operative Sicherheit betreffen und es den Vereinigten Staaten erschweren, Pläne zu durchkreuzen und unsere Nation zu schützen.«[5] Bei der ersten Debatte der demokratischen Präsidentschaftskandidaten 2016 äußerte sich Hillary Clinton ähnlich harsch. Auf die Frage, ob Snowden ins Gefängnis gehen solle, sagte Clinton: »Er hat sehr wichtige Informationen gestohlen, die leider in viele falsche Hände gelangt sind. Deshalb glaube ich nicht, dass er nach Hause gebracht werden sollte, ohne die Konsequenzen zu tragen.«

General Michael Hayden, Direktor der NSA während und nach dem 9. September, scherzte sogar, Snowden solle auf eine Todesliste der Regierung gesetzt werden. Hayden gehörte zur obersten Elite im Bereich nationale Sicherheit: Als

Einziger war er sowohl Direktor der NSA als auch der CIA gewesen. Auf einer von der *Washington Post* ausgerichteten Konferenz im Oktober 2013 bemerkte Hayden, Snowden sei für einen europäischen Menschenrechtspreis nominiert worden, und fuhr fort: »Ich muss zugeben, dass ich in den letzten Monaten dunkle Momente hatte, in denen auch ich Herrn Snowden nominieren wollte – aber für eine andere Liste.«[6] Brendan Sasso berichtete auf der Seite *The Hill*: »Das Publikum lachte, und der Abgeordnete Mike Rogers (ein Republikaner aus Michigan), Vorsitzender des ständigen Geheimdienstausschusses, antwortete: ›Damit kann ich Ihnen helfen.‹«

Der ehemalige CIA-Direktor James Woolsey äußerte sich noch vehementer. Nach den Terroranschlägen in Paris vom 13. November 2015 erklärte er gegenüber CNN: »Das Blut vieler dieser jungen Franzosen klebt an seinen Händen«. Und weiter: »Ich würde Snowden zum Tode verurteilen, und ich würde ihn am liebsten hängen sehen, bis er tot ist, statt dass er nur durch den elektrischen Stuhl umgebracht wird.«[7]

Was die makabre Frage aufwirft, warum Edward Snowden weder gefangen noch getötet wurde. Zahlreiche ehemalige und gegenwärtige US-Militärvertreter haben ihr dringendes Bedürfnis kundgetan, diese Zielperson, die sie als Verräter betrachten, zu eliminieren. »Ich würde ihm mit Freude eine Kugel in den Kopf jagen«,[8] bekannte ein anonymer Pentagon-Mitarbeiter gegenüber der Website *BuzzFeed* im Januar 2014. Es ist kein Geheimnis, dass Snowden in Russland lebt – anscheinend in oder in der Nähe von Moskau. In einem Interview mit *The Nation* vom November 2014 erzählte er, ganz normale Russen würden ihn in Computergeschäften erkennen. (Sie seien meist jung, freundlich und überrascht: »Snowden?«, fragten sie.[9]) Moskau ist zwar eine flirrende Metropole mit acht Millionen Einwohnern. Aber es ist zugleich eine Stadt, in der die Vereinigten Staaten wahrscheinlich mehr als die übliche Zahl von Spionen, Informanten und verdeckten Ermittlern beschäftigen. Wie kann es sein, dass Snowden auf freiem Fuß ist? Und wie lange wird er es noch sein?

Selbst während Snowden und Ellsberg diffamiert wurden, feierte man sie zugleich als Helden. Ihre Unterstützer argumentieren meist so: Ja, sie hätten das Gesetz gebrochen, doch aus dem ehrenwerten Grund, der Öffentlichkeit Dinge erzählen zu wollen, welche die Öffentlichkeit in einer Demokratie wissen solle. Wenn die US-Regierung den Vietnamkrieg für eine hoffnungslose Mission hielt – hätte sie das den Amerikanern nicht sagen müssen, deren Söhne, Brüder und Väter sie großer Gefahr aussetzte? Wenn die Regierung glaubte, die Nation nach 9/11 nur mit massiver Ausweitung der Überwachungsbefugnis vor dem Terrorismus schützen zu können – hätte sie dies nicht offen diskutieren und um die Zustimmung der Regierten ersuchen müssen, statt diese Politik heimlich zu betreiben? (Kerry, der sich schon im Zuge seiner Präsidentschaftskampagne im Jahr 2004 mit dem Vorwurf konfrontiert sah, ein Wendehals zu sein, wollte erneut beides zugleich: Er lobte Ellsberg als »Patriot«, während er Snowden zugleich als »Verräter« beschimpfte. Ellsberg, der Snowdens Tat von Beginn an als »das bedeutendste (Whistleblowing) der amerikanischen Geschichte« gepriesen hatte, wies Kerrys Äußerungen als »verabscheuungswürdig« zurück und nannte Snowden einen »Held«.[10])

Mehr Unterstützung für Snowden gab es tendenziell in Europa, und zwar sowohl durch die Öffentlichkeit als auch durch die politischen Eliten und seriösen Medien. Als Snowden 2013 im Transitbereich des Moskauer Flughafens festsaß, nachdem die US-Regierung seinen Pass eingezogen hatte, wurde er inoffiziell nach Deutschland eingeladen. Viele Menschen hängten Plakate mit der Aufschrift »I have a bed for Ed« an ihre Fenster. Im Oktober 2015 verabschiedete das Europäische Parlament eine Resolution, in der die EU-Mitgliedsstaaten gebeten wurden, Snowden als »Whistleblower und Verfechter der internationalen Menschenrechte« Asyl zu gewähren. Doch die mit 285 zu 281 Stimmen verabschiedete Resolution war nicht bindend. Da alle EU-Staaten Auslieferungsabkommen mit den Vereinigten Staaten unterzeichnet haben, wären sie verpflichtet gewesen, Snowden in die USA zu überstellen, sobald er ihr Territorium betreten hätte. Dennoch zeigte die Abstimmung, dass Snowden von vielen Europäern als Held gesehen wurde. Vielleicht ist sie das Omen einer künftigen Absprache, mit deren Hilfe Snowden Russland verlassen könnte – sein Visum soll 2017 ablaufen. Snowden jedenfalls begrüßte das Votum des Europäischen Parlaments als »eine Chance, nach vorne zu schauen«, und bekräftigte, es sei »kein Schlag gegen die US-Regierung, sondern eine freundlich ausgestreckte Hand.«

Sowohl die Schmähungen als auch die Lobeshymnen, mit denen Ellsberg und Snowden überzogen wurden, ließen allerdings die beeindruckendste Gemeinsamkeit der beiden Whistleblower in den Hintergrund treten: Sie waren beide spektakulär erfolgreich. Beiden gelang es, ihre Botschaft über einflussreiche Kanäle zu verbreiten und mitzuerleben, wie der Rest der Medien sie aufgriff. Beide veränderten die öffentliche Diskussion über eines der umstrittensten Themen der jeweiligen Zeit. Beide lösten grundlegende politische Veränderungen aus. Beide zahlten zwar einen hohen Preis – Snowden lebt im Exil und Ellsberg entging nur knapp einer Gefängnisstrafe –, doch die hätte noch viel höher ausfallen können. Ob man ihre Ansichten teilt oder nicht – Snowden und Ellsberg hatten enormen Einfluss auf die Welt um sie herum.

Kurzfristig betrachtet zeigte sich dieser Einfluss am deutlichsten in der politischen Sphäre. Langfristig war der Einfluss auf das öffentliche Bewusstsein und auf gesellschaftliche Haltungen allerdings größer.

Ellsbergs unmittelbare Motivation für die Veröffentlichung der Pentagon-Papiere war es, zur Beendigung des Vietnamkriegs beizutragen. Viele Gegner wie Bewunderer glauben, genau das habe er getan. Ellsberg selbst teilt diese Einschätzung allerdings nicht – und das keineswegs aus falscher Bescheidenheit.

Ellsberg sagte mir, Nixon habe die Veröffentlichung der Pentagon-Papiere im Grunde begrüßt: »Er dachte, sie würden die Demokraten schlecht aussehen lassen, weil sie sich auf die Jahre vor Nixons Präsidentschaft bezogen.« Nixon habe sich eher darüber Sorgen gemacht, dass er, Ellsberg, weitere Dokumente besitze, die den Präsidenten tatsächlich belasten könnten. (Der republikanische Senator Charles Mathias aus Maryland, ein Gegner des Kriegs, hatte das Weiße Haus mit Ellsbergs Erlaubnis auf diese Tatsache aufmerksam gemacht.) Ellsberg besaß nur ein solches Dokument – allerdings ein hochbrisantes. Im National Security Memorandum 1 (Memorandum 1 zur nationalen Sicherheit), an dem er auf Anordnung Kissingers mitgearbeitet hatte, wurden Möglichkeiten für den Umgang mit Vietnam diskutiert, darunter auch Nixons Überlegungen zum Einsatz von Atomwaffen. Die Maßnahmen gegen Ellsberg, die schließlich den Watergate-Skandal mit auslösten, ergriff Nixon also nur aus Angst vor Ellsbergs schmutziger Wäsche. »Hätte ich außer den Pentagon-Papieren keine anderen Dokumente kopiert, und hätte (Nixon) das nicht gewusst, wäre der Krieg weitergegangen und er wäre im Amt geblieben«, so Ellsberg mir gegenüber. »Doch wie viele Menschen, die mein Handeln gutheißen, wissen das? Nicht einer unter tausend. Diese Geschichte wurde nie wirklich verfolgt.«

Die langfristigste Folge von Ellsbergs Tat war, dass sie half, die Einstellung der Amerikaner zu ihrer Regierung zu verändern. Die Pentagon-Papiere zeigten schwarz auf weiß, dass hochrangige Regierungsvertreter bis hin zum Präsidenten selbst das amerikanische Volk und dessen gewählte Vertreter wiederholt bezüglich eines der schwierigsten Themen belogen hatten. Uns Heutigen mag diese Erkenntnis banal erscheinen, aber 1971 kam sie einem Erdbeben gleich. »Die Tatsache offenzulegen, dass die Regierung log, war damals ein erschütternder, revolutionärer Akt«, so Louis Clark, Präsident des Government Accountability Project. »Tief in der Kultur verankert war der Glauben, dass der Präsident und seine Berater über alle Informationen und Fachwissen verfügten und dass wir mit diesem Wissen die gleichen Entscheidungen treffen würden. Was Daniel aufdeckte, war: Alles war auf Lügen gebaut.«

Leben im Zeitalter Snowdens

Snowdens Einfluss auf die gegenwärtige Politik und Regierung war gleichermaßen unverkennbar und doch begrenzt. Ein vielsagendes Beispiel ist der USA Patriot Act – jenes Gesetz, das nach den Anschlägen vom 11. September durch den Kongress gepeitscht wurde. Die Regierung unter Präsident George W.

Bush und Vizepräsident Dick Cheney wollte mit dem Patriot Act die später von Snowden aufgedeckte Ausweitung der Überwachung legitimieren. Bis zu Snowdens Veröffentlichungen hatte der Kongress mehrfach und mit großer Mehrheit für die Verlängerung des Patriot Act gestimmt und kritischen Hinweisen auf die Gefährdung bürgerlicher Freiheiten durch dieses Gesetz kein Gehör geschenkt. (Der Patriot Act ermöglichte nicht nur die Ausweitung der Überwachung, sondern hob auch das Recht auf Haftprüfung für jene 20 Millionen Menschen auf, die in den USA leben, ohne US-Bürger zu sein. Zudem berechtigte er Regierungsmitarbeiter, die Häuser und personenbezogenen Daten der Bürger ohne deren Wissen zu durchsuchen.)

Im Mai 2015 begründete die durch Snowdens Veröffentlichungen entfachte Wut der Massen eine seltsame Allianz der liberalen Linken und der rechten Tea Party-Bewegung. Gemeinsam verteidigte man auf dem Kapitolshügel die Verlängerung des USA Patriot Act. Stattdessen verabschiedete der Kongress allerdings den USA Freedom Act, mit dem die heimliche Sammlung von Telefondaten durch die NSA beendet und die Behörde verpflichtet wurde, für jede Zielperson eine individuelle Überwachungserlaubnis einzuholen. Die Fachanwälte für Datenschutz waren uneins, ob das Gesetz eine echte Reform oder eine Marginalie sei, aber es zeigte doch, dass der Kongress von seiner bisherigen Linie abwich, alles ungeprüft durchzuwinken. »Ohne Snowdens Whistleblowing hätte der Kongress den Patriot Act verlängert«, so Devine von GAP. Das neue Gesetz sei »nichts Aufregendes, aber eine solide Reform, nach der die NSA nicht mehr jede beliebige Information bekommen und damit machen kann, was sie will.«

Auf der anderen Seite war Snowdens Einfluss auf das öffentliche Bewusstsein und Verhalten so grundlegend, dass er als epochemachend gelten kann. Im Kern hat Snowden die Einstellung der Menschen auf der ganzen Welt zu ihren Mobiltelefonen, Computern und Online-Aktivitäten verändert – und damit zu den Technologien und Verhaltensweisen, welche die Gesellschaft des frühen 21. Jahrhunderts bestimmen. Dank Snowden erfuhren die Menschen, dass sie von einer modernen Version des Big Brother beobachtet wurden, dass ihre Telefonate, E-Mails und Online-Aktivitäten aufgezeichnet, gesammelt und für mögliche künftige Ermittlungen gespeichert wurden. »Man muss gar nichts Unerlaubtes getan haben«, so Snowden in seinem ersten Filminterview mit Poitras. »Man muss einfach nur irgendwann in Verdacht geraten ... und dann können sie das System nutzen, um in die Vergangenheit zu reisen und jede Entscheidung, die du je getroffen hast, zu durchleuchten, jeden Freund, mit dem du je kommuniziert hast. Und auf dieser Basis können sie dich angreifen.«

Lassen wir diese letzte Bemerkung kurz wirken. Ihre Implikationen sind so tiefgreifend und weitreichend, dass es eine Weile dauern kann, sie zu erfassen. Das galt jedenfalls für mich. Als Snowdens Enthüllungen im Juni 2013 erstmals ans Licht kamen, verfolgte ich die Geschichte – welcher Journalist tat das nicht? – und dachte, ich hätte den Kern seiner Botschaft erfasst. Doch erst im Zuge der Recherche für dieses Buch begriff ich die ganze Wahrheit: Alle meine Telefonate, E-Mails und Internetaktivitäten seit den Terroranschlägen von 9/11 wurden und werden noch immer für mögliche zukünftige Untersuchungen gesammelt und gespeichert. Das Gleiche gilt für all *Ihre* Kommunikation.

Wenn NSA-Mitarbeiter wollen, können sie auf jede beliebige elektronische Kommunikation von Ihnen oder von mir zugreifen und viel über uns beide erfahren. Theoretisch brauchen sie dazu jetzt eine Durchsuchungserlaubnis und müssten zusätzlich diese Informationen auch noch von privaten Telekommunikationsfirmen einholen. Bedenkt man jedoch, wie gut sich die NSA und diese Firmen seit 9/11 verstehen, sind diese Sicherheitsmaßnahmen kein bisschen beruhigend.

Deshalb habe ich während der Arbeit an diesem Buch die Verschlüsselungssoftware Pretty Good Privacy auf meinem Computer installiert, um meine Kommunikation vor Neugierigen zu schützen. Sie sollten überlegen, ob Sie das nicht auch tun möchten.

Ähnlich wie Ellsberg die Regierung als Lügnerin entlarvte, stellte Snowden sie als ständige Beobachterin bloß. Und ähnlich wie im Fall Ellsbergs veränderten Snowdens Veröffentlichungen auch Wahrnehmung und Verhalten der Gesellschaft. Die unmittelbaren Auswirkungen mögen kaum merklich und schwer festzustellen sein, doch die Geschichte lehrt uns, dass solche kleinen Verschiebungen große Veränderungen in vielen Gebieten bewirken können. Wer erfährt, dass die eigene Regierung bezüglich eines laufenden Kriegs gelogen hat, fragt sich vielleicht, wo sie sonst noch gelogen hat.

Dieser Gedanke animierte den US-Kongress in den 1970er Jahren zu weitreichenden Ermittlungen gegen die NSA und die CIA und zur ersten bedeutenden Begrenzung von deren Aktivitäten – genau jener Begrenzung, welche die Regierung Bush-Cheney nach den Terroranschlägen von 9/11 heimlich unterlaufen sollte. Die Reaktionen, die der Fall Snowden in der Öffentlichkeit und im Kongress hervorrief, machten der NSA offenbar einen Strich durch die Rechnung, hatte diese sich doch mit dem Cyber Intelligence Sharing and Protection Act (Gesetz zum Austausch von Informationen über den Internetverkehr zwischen US-Regierung und Technologieunternehmen) noch umfassendere Überwachungsmöglichkeiten versprochen. »Falls je irgendein Vertrauen bestand, ist es nun verschwunden«, so ein hochrangiger US-Geheimdienstmitarbeiter gegenüber der *New York Times*. »Ich meine, wer würde der NSA die Behauptung abnehmen, sie blockiere (Cyber-)Angriffe der Chinesen, nutze diese Technik aber nicht zum Lesen unserer E-Mails?«[11]

Welche größeren Veränderungen Snowdens Veröffentlichungen vielleicht noch auslösen, wird mit der Zeit deutlich werden. Kritiker wie Außenminister Kerry und der ehemalige NSA- und CIA-Direktor Hayden haben gewarnt, die bereits eingetretenen Veränderungen hätten der nationalen Sicherheit geschadet. »Wir sind jetzt an einem anderen Ort, und der ist weniger sicher«, schrieb Hayden 2015 in *The Washington Times*. Der Journalist Greenwald und andere Unterstützer entgegneten, Snowdens Veröffentlichungen seien von grundsätzlicher Bedeutung für den Schutz der Freiheit und erhöhten die Rechenschaftspflicht für Regierungsvertreter, deren Aufgabe nicht nur die Sicherung der Nation, sondern auch die Verteidigung der Verfassung sei. »In Wahrheit geht es nicht nur um die Privatsphäre, sondern um das Unterlaufen der Demokratie«, so Greenwald. »(Die US-Regierung) hat im Grunde das gesamte Internet überwacht und der amerikanischen Öffentlichkeit nie davon erzählt.«[12]

Jedenfalls ist klar, dass nichts von alldem geschehen wäre, wenn Edward Snowden nicht zum Whistleblower geworden wäre. Und es gibt kein Zurück: Geheimes Wissen, das einmal verbreitet wurde, ist fortan unhintergehbar. Ob wir wollen oder nicht, wir leben alle im Zeitalter Snowdens.

Ohne Thomas Drake wären wir allerdings nicht hier. Von den Menschen, die den Namen Edward Snowden kennen, kennt wahrscheinlich nicht einmal jeder Hundertste den Namen Thomas Drake. Doch man kann Snowdens Leistungen nicht wirklich verstehen, wenn man nicht weiß, dass er sich auf Drakes Spuren bewegte.

Letztlich verfolgte Snowden einen anderen Weg als Drake, denn er legte seine Strategie bewusst so an, dass er den Gegenschlag vermied, der Drake traf. Hätte Snowden Drakes Weg gewählt – sich also an die Regeln gehalten und das Whistleblowing über offizielle Kanäle betrieben –, »wäre er sofort ausgeschaltet worden«, sagte mir Drake. Stattdessen hielt sich Snowden an das von Ellsberg erstmals erprobte Muster und ließ die Dokumente, die er zum Beweis seiner Behauptungen brauchte, an Journalisten durchsickern. Mit diesem Gesetzesbruch waren Risiken verbunden, aber er stellte auch sicher, dass die aufgedeckten Informationen tatsächlich die breite Öffentlichkeit erreichten.

Drakes Entwicklung zum Whistleblower begann im Zentrum der US-Sicherheitsbehörden an einem historischen Datum: Sein erster Tag als offizieller Angestellter der NSA war der 11. September 2001. Obgleich die NSA in der Folge des schlimmsten Angriffs auf heimischem Boden seit Pearl Harbor noch größer, finanzkräftiger und mächtiger werden würde, war sie schon damals die größte, finanziell am besten aufgestellte Spionageorganisation. Sie war 1952 durch eine Exekutivorder Präsident Harry Trumans im Geheimen gegründet worden und diente der Regierung als Entschlüsselungsmaschine und allwissendes »globales Ohr«: Die NSA fing Nachrichten ausländischer Regierungen ab und übersetzte die Rohdaten in Informationen, die für CIA, FBI und andere Regierungsorganisationen nutzbar waren.

Drake, damals 45 Jahre alt und fünffacher Familienvater, hatte bereits in den vergangenen zwölf Jahren für die NSA gearbeitet, allerdings als freier Mitarbeiter. Der große, düstere und ernsthafte Mann war in der Highschool ein ausgezeichneter Schachspieler gewesen, dessen Begabung für Mathematik, Computer und Sprachen ihn geradezu für Kryptographie und internationale Spionage prädestinierten. Während des Kalten Kriegs arbeitete er für den Geheimdienst der Air Force und hielt sich im Zuge dessen auch länger in Europa auf, wo er die Kommunikation des Staatssicherheitsdiensts der DDR abhörte. Jetzt wurde er Teil der Führungsriege der NSA und berichtete direkt an die dritthöchste Mitarbeiterin, Maureen Baginski, Leiterin der größten Abteilung Signals Intelligence Directorate (Aufklärungsabteilung) und damit verantwortlich für das physische Abfangen von Telefonaten und anderen Kommunikationsformen.

Diese ehrenhafte und angesehene Position führte Thomas Drake in einen Albtraum, an dessen Ende er festgenommen, seines Status als Geheimnisträger und Staatsbediensteter enthoben, mit lebenslanger Haft bedroht und von jeder erneuten Beschäftigung in seinem Fachbereich ausgeschlossen wurde. Am Ende fand er sich als einfacher Angestellter eines Apple Store im Washingtoner Vorort Bethesda, Maryland, wieder.

Mit den Geschichten Drakes und Snowdens verbunden ist Michael Hayden, der ehemalige Chef der NSA, der ein Hauptziel des Whistleblowings beider Männer war.

Wie bereits erwähnt ist Michael Hayden in der Geschichte der Führungsriege der amerikanischen Sicherheitsbehörden etwas Besonderes, da er als einziger sowohl Direktor der NSA als auch der CIA war. Der frühere Vier-Sterne-General der Air Force diente unter Republikanern wie Demokraten. 1999 ernannte ihn Bill Clinton zum Leiter der NSA; diesen Posten hatte Hayden bis 2005 inne. 2006 ernannte ihn George W. Bush zum Leiter der CIA, die er bis 2009 führte. Als ich Hayden für dieses Buch interviewte, war er 70 Jahre alt und hatte immer noch die zupackende Art und den kräftigen Körperbau des Quarterback, der er an seiner katholischen Universität gewesen war. Abgesehen von einem kurzgeschnittenen silbernen Haarkranz war sein Kopf inzwischen allerdings kahl.

Hayden wuchs in der irischen Arbeiterklasse von Pittsburgh als Sohn eines Schweißers auf. In Washington kam ihm seine Fähigkeit zugute, komplexe Themen in einer Sprache zu vermitteln, die einfache Leute verstehen konnten: Wann immer Präsidenten, Abgeordneten oder Journalisten erklärt werden musste, was er und seine Kollegen in der dunklen Welt elektronischer Überwachung und verdeckter Ermittlungen so trieben, fiel die Wahl auf ihn. So fungierte Hayden als Sprecher der Regierung Bush, nachdem die *New York Times* im Dezember 2005 das erste Exposé über einige der nach 9/11 entwickelten Überwachungsprogramme veröffentlicht hatte. Hayden übernahm auch die Führung bei der öffentlichen Verteidigung des Waterboardings und anderer von der Regierung gegen Terrorverdächtige eingesetzter Formen der Folter. Er bezeichnete diese allerdings lieber als »hochentwickelte Verhörtechniken«. »Bei dem Versuch zu erklären, was die amerikanische Spionage für die amerikanische Demokratie tun kann, lehne ich mich ziemlich weit aus dem Fenster«, erklärte mir Hayden. »Und ich tue das sehr gerne.«

Hayden glaubte, die US-Regierung stünde besser da, wenn sie *vor* Snowdens Enthüllungen offener mit den Medien und der Öffentlichkeit umgegangen wäre.

»Als ich bei der NSA war«, erinnert sich Hayden, »habe ich immer drei Venn-Diagramme gezeichnet. Über dem ersten stand ›machbar‹, über dem zweiten ›wirksam‹ und über dem dritten ›legal‹ – und der Bereich, in dem sich die drei (überschnitten), war der Arbeitsbereich der Spionage und besonders der NSA. Als ich (2006) zur CIA kam, merkte ich, dass ein viertes Element im Diagramm fehlte: ›politisch nachhaltig‹. Denn etwas, das man über einen langen Zeitraum tun muss, benötigt politische Nachhaltigkeit ... Offen gesagt erreicht man politische Nachhaltigkeit nicht ohne – hier bitte ergänzen – öffentliche Akzeptanz, öffentliche Unterstützung, öffentliche Toleranz. Das braucht man.«

»In meinem ersten Sommer bei der CIA«, so Hayden weiter, »überzeugten wir den Präsidenten, die Verhaftungen und das Verhörprogramm öffentlich zu machen. Wir gaben viele Informationen frei, weil wir überzeugt waren, dieses (Programm) käme langfristig nicht ohne ein gewisses Maß politischer Unterstützung aus. Politische Unterstützung würde es ohne öffentliche Unterstützung nicht geben, und öffentliche Unterstützung würde es nicht ohne mehr Informationen für die amerikanische Öffentlichkeit geben.«

Politische Gegner sprechen mit einer Mischung aus Respekt und Abscheu über Hayden. »Ich bin ziemlich sicher, dass Michael Hayden ein Vampir ist«, so Ben Wizner mit nervösem Kichern. Wizner ist Leiter des Speech, Privacy and Technology Project (Projekt für Sprache, Privatsphäre und Technologie) der American Civil Liberties Union (Amerikanische Bürgerrechtsunion) und zugleich einer von Snowdens

US-Anwälten. Der fromme Katholik Hayden betonte in unserem Gespräch, er besuche wöchentlich die Messe. Als der Kongress über seine Ernennung zum CIA-Chef diskutierte, erklärte er, als Jugendlicher hätten ihm seine 18 Jahre katholischer Erziehung genützt. Ray McGovern, heute pensioniert, hat 27 Jahre für die CIA gearbeitet und ist selbst gläubiger Katholik. Er hält die Glaubensbekundungen des Generals für unvereinbar mit dessen Verteidigung der Folter. »Ich habe nur 17 Jahre katholischer Erziehung genossen«, erzählte mir McGovern, »also habe ich wohl den Kurs über ›ethisch korrekte hochentwickelte Verhörtechniken‹ verpasst«.

Bezüglich des Whistleblowings positionierte Hayden sich als lebenslanger Militärangehöriger: Befehle waren Befehle, keine Optionen. Solange die Befehle den Gesetzen folgten, hatte kein Bediensteter das Recht, sie zu ignorieren oder zu umgehen – und Hayden argumentierte, sowohl die Überwachung ohne Durchsuchungsbefehl als auch die »hochentwickelten Verhörtechniken« seien nicht gesetzeswidrig. Jeder, der sie missachtete, solle »schnell und verlässlich« vor Gericht gestellt werden, sagte er mir.

Auf die Frage, welche Rolle die Whistleblower spielen sollten, während die Nation zwischen Freiheit und Sicherheit abzuwägen suchte, nannte Hayden keine möglichen Vorteile des Whisteblowings. Seine einzige Sorge war, künftige Fälle »unerlaubter Veröffentlichung« zu verhindern. Es sei ein Fehler, so etwas gerichtlich zu verfolgen, denn dieser Prozess sei »langsam, mit zweifelhaften Ergebnissen« und verfüge »nur über sehr mächtige Statuten«. Es sei besser, solche Angelegenheiten administrativ zu regeln: »Wenn man einer Person schnell und effektiv ihre Sicherheitsfreigabe entzieht, hätte das einen starken Abschreckungseffekt – weit mehr als eine geringe Zahl von Schauprozessen, die auf fast ein Jahrhundert alten Gesetzen basieren.« (Hayden bezieht sich hier auf das Spionagegesetz von 1917, das unter anderem zur Strafverfolgung Drakes eingesetzt wurde.)

So distanzierte Hayden sich auch von der gerichtlichen Verfolgung Drakes durch die Regierung. »Ich hatte (mit Drakes Strafverfolgung) nichts zu tun«, sagte er mir. Wäre es seine Entscheidung gewesen, so Hayden weiter, »hätte ich ihm seine Sicherheitsfreigabe entzogen und ihn freundlich verabschiedet. So etwas ist kein Grund, einen Menschen zu zerstören.«

Wirklich nicht?

Hätte die NSA 9/11 verhindern können?

Drakes größter Vorwurf – der erst jetzt vollständig bekannt wird – belastet Hayden direkt, und zwar bezüglich eines Vorgangs, der zu den größten Fehlern in der Geschichte der Spionage zählen dürfte: Drake erzählte mir, unter Haydens Leitung habe sich die NSA »schuldig gemacht an 9/11. Die NSA hatte Informationen, welche die Terroranschläge des 11. September hätten verhindern können, und sie hat nicht danach gehandelt.«

Monate vor den Anschlägen erhielt die NSA Drake zufolge eine Telefonnummer in San Diego. Sie wurde von zweien der Flugzeugentführer benutzt, die später die Maschinen in das World Trade Center flogen. Die NSA handelte jedoch nicht und wusste wahrscheinlich gar nicht, dass sie diese Information besaß. Hayden, der nach den Anschlägen von Bush und Cheney gedrängt wurde, »mehr« für die innere Sicherheit zu tun, benutzte die Katastrophe vom 11. September sogar zur Rechtfertigung der illegalen Ausweitung der Überwachung nicht nur ausländischer, sondern auch amerikanischer Kommunikationsdaten. Man brauche diese neue Befugnis, so Hayden, um künftige Terrorbedrohungen abzuwenden.

»Hayden war der vehementeste Anhänger der großen Lüge, wir hätten 9/11 stoppen können, hätte es die von ihm nach den Anschlägen implementierte massenhafte Überwachung damals schon gegeben«, sagte Drake mir im Juli 2015. »Das ist eine Lüge, und Hayden weiß, dass es eine Lüge ist.«

Hayden hält Drakes Vorwurf für verschwörungstheoretischen Unsinn. »Wenn das stimmt, warum hat die Regierungskommission (die zur Untersuchung des Versagens des US-Geheimdiensts bezüglich 9/11 ins Leben gerufen wurde) es dann nicht herausgefunden? Und warum sollten wir es eigentlich nicht zugeben? Bezüglich der (von uns übersehenen) beiden Mitschnitte (von Al-Qaida-Gesprächen) – ›Morgen beginnt das Spiel‹ und ›Morgen ist die Stunde null‹ – haben wir doch alle Karten auf den Tisch gelegt.«

Drake ist nicht der erste, der dem US-Geheimdienstapparat vorwirft, vor dem 11. September schlampig gearbeitet zu haben. Zudem trägt die NSA nicht die alleinige Schuld: FBI und CIA sahen sich ebenso harscher Kritik ausgesetzt.

Einer der am häufigsten veröffentlichten Anwürfe stammt von der Whistleblowerin Coleen Rowley, jener FBI-Agentin, die 2002 von der Zeitschrift *Time* in die Liste der Menschen des Jahres aufgenommen wurde. Rowley sammelte in der FBI-Niederlassung in Minneapolis Informationen über Zacarias Moussaoui, einen saudischen Immigranten, der für Osama bin Laden arbeitete und später als »der 20. Entführer« bekannt wurde. Moussaoui weckte das Interesse des örtlichen

FBI unter anderem, weil er sich in einer Flugschule in Minnesota dafür interessierte, wie man eine 747 fliegt. Sechs Monate vor 9/11 erbaten Rowley und ihre Kollegen wiederholt einen Durchsuchungsbefehl für Moussaouis Eigentum, aber das Hauptquartier des FBI in Washington lehnte die Gesuche ab. Frustriert leiteten Rowley und ihre Kollegen die Informationen schließlich an die Abteilung für Terrorismusbekämpfung der CIA weiter – und wurden vom FBI abgemahnt, weil sie damit ihre Zuständigkeiten überschritten hatten. Im August 2001, wenige Wochen vor den Terroranschlägen, wurde Moussaoui tatsächlich festgenommen. Beim Verhör sagte er, jeder, der Zivilisten töte, die Muslimen Schaden zugefügt hätten, sei ein »Märtyrer«.

Seltsamerweise leitete das FBI trotz dieser Information keine weiteren Schritte ein, die vielleicht die Pläne der 19 anderen Entführer aufgedeckt hätten. Stattdessen beharrte FBI-Direktor Robert Mueller noch Monate nach 9/11 darauf, das FBI habe keine derartigen Informationen über Moussaoui gehabt – bis Rowley dies in einem an ihn und den Geheimdienstausschuss des Senats gerichteten Schreiben korrigierte.

Dazwischen lagen Monate, in denen die Medien und das amerikanische Volk nach Antworten gesucht hatten: Was war bei der NSA, der CIA, dem FBI und anderen Regierungsbehörden schiefgelaufen? Wie konnten Osama bin Ladens Handlanger bis zum 11. September unentdeckt bleiben? Bei der NSA wurde Drake mit der Vorbereitung der Antwort auf die Kongressanfrage betraut. Dazu musste er die Praxis der NSA vor 9/11 durchleuchten.

Als Drake Kollegen von der NSA befragte, Datenbanken und Aufzeichnungen untersuchte, entdeckte er etwas, das ihn zutiefst erschreckte. Scheinbar hatte die NSA nur Wochen nach 9/11 ihren Einsatzbereich heimlich verändert. Lange Zeit hatte sie nur eine Überwachungsbefugnis für das Ausland; die Überwachung inländischer Kommunikation war streng verboten. Drake hatte nichts gegen die gesetzestreue Überwachung potentieller Terroristen – im Gegenteil. Aber seine Ermittlungen überzeugten ihn davon, dass die NSA ihre umfassenden Mittel zur Überwachung nun auch nach innen richtete, dass sie also auch *innerhalb* der Vereinigten Staaten Kommunikationsdaten sammelte. Und zwar ohne zuvor die dafür gesetzlich vorgeschriebenen richterlichen Beschlüsse eingeholt zu haben.

Drakes Vorbehalte waren sowohl praktischer als auch rechtlicher Natur. Er war kein Anwalt, aber die Inlandsüberwachung schien die Statuten zu verletzen, die der NSA Operationen innerhalb der USA untersagten – erst recht, wenn diese ohne richterliche Erlaubnis stattfanden. Der vierte Zusatzartikel zur Verfassung verbietet der Regierung, ein Privathaus, Papiere oder persönliche Dinge ohne einen auf begründetem Verdacht basierenden richterlichen Beschluss zu durchsuchen. Drake glaubte außerdem, die großen Mengen zusätzlicher Informationen, die im Rahmen der erweiterten Überwachung gesammelt wurden, könnten die Effektivität sogar vermindern: Die vielen zusätzlichen Heuhaufen machten es den NSA-Analysten schwerer, die wirklich wichtigen Nadeln darin zu finden.

Eine weitere schockierende Entdeckung überzeugte Drake davon, dass es schon vor 9/11 zu viele Heuhaufen gegeben hatte. Es war weithin bekannt, dass bin Laden die Anschläge von seiner Höhle in Afghanistan aus angeordnet hatte, die Logistik aber hauptsächlich von einem Al-Qaida-Unterschlupf im

Jemen gesteuert wurde. Anfang 2001 war dieses Haus der NSA und der CIA bereits bekannt – immerhin hatten bin Ladens Handlanger bereits eine Reihe von Anschlägen auf amerikanische Ziele verübt, darunter das Bombardement des Kriegsschiffs USS Cole 1998 und der gescheiterte Versuch, die Twin Towers schon 1993 zu zerstören.

James Bamford berichtete im August 2015 in *Foreign Policy*, das Haus habe deshalb bereits unter der sogenannten uneingeschränkten Überwachung durch die NSA gestanden. Damit legte er erstmals diesen Aspekt des angeblichen Versagens der NSA vor 9/11 offen. Als Autor von vier Büchern und zahllosen Artikeln galt der ehemalige NSA-Mitarbeiter Bamford als der weltweit führende Experte außerhalb der NSA. Seinem Artikel zufolge bedeutet »uneingeschränkt«, dass die NSA jedes Telefonat, jede E-Mail und jede andere aus- oder eingehende Kommunikation des Al-Qaida-Verstecks abfing. Darunter waren mindestens sieben Anrufe aus einer Wohnung in San Diego, in der zwei der Entführer vom 11. September, Khalid al-Midhar und Nawaf al-Hazmi, vor den Anschlägen monatelang lebten.

Bamford gegenüber erzählte Drake von seiner Entdeckung, die NSA habe diese sieben Anrufe aus San Diego abgefangen und die Telefonnummer Monate vor 9/11 gespeichert, unerklärlicherweise aber nichts weiter unternommen. Tief in einer NSA-Datenbank vergraben fand Drake die Dokumentation der abgefangenen Telefonate. Da sowohl NSA und CIA um die große Bedeutung des Al-Qaida-Verstecks wussten, stellt sich die Frage, weshalb sieben Anrufe in diesem Versteck von einer Nummer in San Diego die NSA nicht zum Handeln bewegten. Ein Richter hätte die Überwachung der Wohnung in San Diego sicherlich genehmigt. Die Überwachung hätte

wahrscheinlich die Pläne der beiden Flugzeugentführer aufgedeckt und vielleicht auch die ihrer Mitverschwörer.

»Unter (Haydens) Leitung ereignete sich mit 9/11 das bis-
her größte Versagen der NSA«, so Drake. »Er war verantwortlich. Er war der Schiffskapitän. Unter seiner Leitung versagte die NSA bei der Verteidigung des Landes.«

Hayden weist diese Anschuldigungen entschieden zurück.
Er wird laut, als er Drake unterstellt, »oft über die NSA (zu)
schreiben – oft, nicht gut«, und fügt hinzu, der Vorwurf bezüglich der Überwachung des Verstecks im Jemen »würde
nicht die Gesetze der Vereinigten Staaten, sondern die Gesetze der Physik brechen!«

»Sie täuschen einfach jeden«

Im weiteren Verlauf unseres Gesprächs schien Hayden seinen
Ausbruch zu bedauern: »Wissen Sie, ich habe zwar öfters die
Stimme erhoben, aber instinktiv habe ich nichts gegen diese
Leute.« Doch er beharrte darauf, dass das Szenario aus Bam-
fords Artikel tatsächlich physikalisch unmöglich war. »Nicht
einmal retrospektiv betrachtet war es uns durch das Abhören
des Telefonats oder durch dessen Inhalt physikalisch möglich
festzustellen, dass der Anruf von San Diego oder irgendeinem
anderen Ort in den Vereinigten Staaten ausging.«

Gegenteilige Stellungnahmen von Michael Scheuer, dem
ehemaligen Leiter der bin Laden-Ermittlungseinheit der CIA,
wischte Hayden vom Tisch. Bamford hatte Scheuer mit der
Klage zitiert, die CIA habe die NSA ungefähr 250 Mal um Informationen über das Versteck im Jemen gebeten und niemals
auch nur eine Antwort erhalten. »Mike Scheurer ist ein wun-

dervoller Mensch, ich treffe ihn manchmal samstags in der Kirche, und dann plaudern wir«, erzählte mir Hayden. »Aber er kennt sich nicht mit der Physik aus.«

Dann erklärte mir Hayden »die Physik«. Über seine ehemalige Behörde sagte er: »Wir ermitteln nie den Uplink. Wir ermitteln immer den Downlink. Deshalb braucht man für das Abfangen von Satcom (Satellitenkommunikation) auf dem gesamten Globus Antennen entlang der Spur aller möglichen Downlinks. Wenn es gelingt, beide Downlinks zu ermitteln, kann man tatsächlich per Computer beide Enden des Gesprächs verbinden und das gesamte Gespräch zusammenstellen – er hat dies gesagt, sie jenes.« Aber, wiederholte Hayden, »Wir ermitteln nie die Uplinks.«

Es stellt sich die Frage, wer hier die Wahrheit sagt, und was Uplinks und Downlinks eigentlich sind.

Letzteres ist eine recht einfache Frage. Im Fall von Telefonaten zwischen San Diego und dem Jemen bezöge sich der »Uplink« auf Anrufe von San Diego in den Jemen, weil die Anrufe von San Diego aus nach »oben« an einen Satelliten geleitet wurden. »Downlink« bezöge sich auf im Jemen empfangene Anrufe, denn diese wurden von demselben Satelliten nach »unten« geleitet. Hayden scheint mir also gesagt zu haben, die NSA habe – gemäß des Abhörverbots innerhalb der Vereinigten Staaten – keine von den USA ausgehenden Anrufe (»Uplinks«) abgehört. Da sie nur Downlinks aufgezeichnet hat, konnte die NSA demnach nicht wissen, von wo die Anrufe in den Jemen ausgingen.

Als ich diese Argumentation im Anschluss an das Gespräch prüfte, merkte ich, dass Hayden diesen Punkt schon häufig ausgeführt hatte, unter anderem 2006 bei seiner Aussage vor dem Armed Services Committee (Ständiger Ausschuss zur Kontrolle der Streitkräfte), als der US-Senat über seine Nominierung für die Leitung der CIA entschied.[13] Die Argumentation hatte eine Reihe hochrangiger Beamter überzeugt, darunter auch Präsident Barack Obama. Als Obama 2014 erläuterte, warum er sich damals für die (wenn auch leicht reformierte) Fortführung der Inlandsüberwachung durch die NSA entschieden hatte, sagte er: »Einer der Flugzeugentführer von 9/11, Khalid al-Midhar, rief aus San Diego in einem bekannten Versteck von Al-Qaida im Jemen an. Die NSA bemerkte den Anruf, konnte aber nicht erkennen, dass er von jemandem stammte, der sich bereits in den Vereinigten Staaten befand.«

Als ich Haydens Behauptungen jedoch von Experten prüfen ließ, schenkte nur einer ihnen Glauben, und selbst er musste Hayden dazu absolute Wahrheitstreue unterstellen. »Die NSA lügt eigentlich nicht so viel, wie wir glauben«, so Lee Tien, Anwalt in leitender Funktion bei der Nonprofit-Organisation Electronic Frontier Foundation, die sich für die »Verteidigung Ihrer Rechte in der digitalen Welt« einsetzt und deren Führungsriege sowohl Snowden als auch Ellsberg angehören. »Sie benutzen die Worte eher kreativ, wie Humpty Dumpty, ohne zu erklären, dass ihre Worte nicht das bedeuten, was wir glauben.«

Ich bat Bamford um einen Kommentar. Er fand Haydens Behauptung, er, Bamford, schreibe »oft, aber nicht gut« über die NSA, »sehr seltsam«. Wegen seiner Bücher und Artikel habe er »als Experte unter Eid vor dem Senatsausschuss und dem Repräsentantenhaus sowie dem Europäischen Parlament zu Geheimdienstthemen ausgesagt ... Ich war auch Gastdozent beim Senior Intelligence Fellows Program der CIA ... und Hayden hat mich sogar zu einem Vortrag an der

NSA-eigenen National Cryptologic School (Institut für Kryptologie) eingeladen.

Bislang habe ich über die von der NSA übersehenen Anrufe in San Diego in einem Bestseller, einem Artikel in *Foreign Policy* und einer Dokumentation für den Sender PBS berichtet, und keine einzige der von mir (befragten) Personen war mit Hayden einer Meinung«, so Bamford weiter. »Bezüglich der technischen Informationen vertraue ich den promovierten Physikern und den leitenden Kryptologen, die ich zum Thema Hayden interviewt habe ... Er ist gewiss kein Technikexperte. Natürlich hat er ein sehr gutes Motiv für seine Aussagen: Von den Anschlägen erfuhr er, indem er auf einem 300-Dollar-Fernseher CNN sah – nicht von der milliardenschweren Behörde, die er leitete.

Hayden versagte nicht nur bezüglich 9/11; er täuschte sich auch über den Irak«, so Bamford. »Wie ich in meinem Buch *A Pretext for War* zeige, erzählte Hayden dem Weißen Haus, die NSA sei zu dem Schluss gekommen, Saddam habe (Massenvernichtungswaffen) gehabt. Damit hat er (geheimdienstlich) doppelt versagt – und es handelt sich um die beiden größten Fälle geheimdienstlichen Versagens in der modernen amerikanischen Geschichte.«

Bamford ist kein Technikexperte, aber die meisten der von mir befragten Technikexperten haben oder hatten Zugang zu dem für das Verständnis des NSA-Überwachungssystems nötigen Wissen. Doch wie ich erfuhr, war kein Geheimwissen nötig, um zu erkennen, dass Hayden den Fall falsch darstellte. Dazu musste man nur wissen, wie normale Telefonanrufe funktionieren.

Unter diesen Experten war William Binney führend. Bis er 2002 in den Ruhestand trat, hatte er 36 Jahre lang für die NSA

Codes geknackt und Überwachungsoperationen geplant. Der begnadete Mathematiker gilt als einer der brillantesten Kryptographen, die je für die NSA gearbeitet haben. 2002 hörte er hauptsächlich deshalb auf, weil auch er mit Entsetzen feststellte, dass die NSA ihre Ohren nach innen gerichtet hatte und Inlandsüberwachung betrieb.

Wie Drake versuchte auch Binney, diese Praxis aufzudecken, und auch er bezahlte dafür. Wie Drake spielte auch er ohne sein Wissen eine Rolle bei Snowdens Veröffentlichung jener Dokumente, die seine Anschuldigungen belegten. (Nachdem Greenwald, der von Snowden zuerst kontaktierte Journalist, auf wiederholte Anfragen nicht reagiert hatte, stieß Snowden auf Laura Poitras' Kurzfilm *The Program*, in dem Binney beschreibt, wie seine Chefs bei der NSA von ihm für die Auslandsüberwachung entwickelte Programme gegen das amerikanische Volk eingesetzt hatten. »Das tut mir leid«, bedauert Binney in der Dokumentation. »Das wollte ich nicht.« Der Film brachte Snowden dazu, Poitras zu kontaktieren, die wiederum Greenwald ins Boot holte.)

Während unseres Gesprächs bestätigte Binney, dass er Haydens Politik als Leiter der NSA nicht neutral gegenüberstand. Doch er sagte auch, diese politischen Differenzen hätten nichts mit Haydens Darstellung des Abfangens satellitengeleiteter Kommunikationsdaten zu tun. Binney hielt diese Darstellung für irreführenden – oder einfach nur uninformierten – Blödsinn.

»Er versteht gar nicht, was er sagt«, so Binney. »Vielleicht weiß er nicht, wie das System funktionierte, und bluffte deshalb, als er es Ihnen erklären wollte. So haben es die Leute von den Geheimdiensten auch mit dem Kongress und allen anderen gemacht – sie tun, als sei es so kompliziert, dass niemand es verstehen kann. Das ist es aber nicht. Man muss ein bisschen nachdenken, aber es ist nicht so schwer zu verstehen. Sie täuschen einfach jeden, und keiner nimmt sich die Zeit, die Sache zu durchdenken oder Details in Frage zu stellen.«

Binney zufolge solle man Haydens Gerede über Uplinks und Downlinks vergessen. Es sei entweder absichtlich irreführend oder zeige, wie wenig er von den technischen Aspekten der Satellitenüberwachung verstehe. Selbst wenn man Haydens Aussage – »Wir ermitteln nie den Uplink« – für bare Münze nehme, hätte das Abfangen des Downlinks dennoch die Telefonnummer der Flugzeugentführer aus San Diego offenbart.

»Es spielt keine Rolle, ob man den Uplink oder den Downlink ermittelt«, erklärte mir Binney. »Jede Seite (eines Telefonats) enthält die gleichen Informationen. Das muss so sein, sonst gäbe es keine Verbindung. Wenn ich Sie anrufe, tippe ich das Routing (Ihre Telefonnummer) ein, das ich brauche, um meinen Anruf zu Ihrem Telefon zu leiten. Das Routing bringt meine Nummer automatisch zu Ihrer Nummer, sodass Ihre Nummer mit meiner verbunden werden kann. Sonst könnten wir nicht miteinander sprechen. So funktioniert die Anruferkennung: Meine Nummer geht automatisch mit dem Anruf zusammen ein, und Sie können sie sehen, ehe Sie den Anruf annehmen.« (So funktionieren Binney zufolge alle Telefonate, ob zwischen Mobiltelefonen oder Festnetzen, über Ozeane hinweg oder zum Nachbarn nebenan.)

Doch warum, fragte ich, sollte Hayden etwas falsch darstellen, das sich so leicht überprüfen lässt? Warum sollte ein Mann wie Hayden, dem sein Verhältnis zu den Medien so wichtig ist, dieses Verhältnis durch eine windige Geschichte gefährden?

»Vielleicht glaubt er, dass die Nummern nur an einem Ende des Gesprächs sichtbar sind – dass also der Uplink von dem Versteck im Jemen zum Satelliten nur die Nummer im Jemen enthält«, so Binneys Antwort. »Hayden hat auch keine Ahnung von der Physik.«

Daraufhin ersuchte ich General Hayden, seine zuvor gemachten Aussagen zu erläutern. Ich erklärte, keiner der Technikexperten habe seine Darstellung des Abfangens von Telefonaten, die über Satelliten geleitet werden, bestätigt, und bat ihn, die Argumente entweder zu entkräften oder den Kontakt zu einem Experten herzustellen, der dies könnte.

Haydens Antwort folgt im Wortlaut. (Bezüglich der ersten beiden, schwer verständlichen Sätze bitte ich um Entschuldigung – Hayden scheint in Eile geantwortet zu haben.) »Der Bezug auf den Uplink steht nicht in Verbindung (mit der Kontroverse um das Versteck). Das ist ein FORNSAT-Thema (foreign satellite / ausländischer Satellit). Nichtsdestoweniger wiederhole ich ... dass wir aus den physikalischen Bedingungen oder dem Inhalt der abgefangenen Gespräche keinesfalls ableiten konnten, dass die Anrufer in (San Diego) saßen. Das hat die NSA immer wieder ausgesagt, ... nicht nur ich. Denken Sie daran, dass wir nicht die Telefongesellschaft sind. Wir sammeln so gut wir können Daten von *außerhalb* des Systems.«

Sich an die Regeln halten

Unabhängig davon, ob Drake oder Hayden hinsichtlich der Versäumnisse der NSA im Vorfeld von 9/11 im Recht sind, lautet die Schlüsselfrage bezüglich Drakes Whistleblowing: Was hat er mit den aufgedeckten Informationen gemacht?

Kurz gesagt: Drake hielt sich an die Regeln. Als langjähriger Militärangehöriger folgte er dem etablierten Prozedere und informierte seine Vorgesetzten auf offiziellen Kanälen über das aus seiner Sicht fragwürdige Verhalten. Zunächst teilte er seine Bedenken einer kleinen Gruppe hochrangiger NSA-Leute mit, dann geeigneten Kongressabgeordneten sowie Angehörigen des Geheimdienstkontrollkomitees des US-Senats und des Repräsentantenhauses.

Drake war schon in der Highschool sehr geradlinig gewesen. Einmal hatte er der Polizei die Namen von Klassenkameraden genannt, die er verdächtigte, Cannabis zu verkaufen. Auch als Erwachsener nahm er die Unterscheidung zwischen richtig und falsch sehr ernst. »Ich habe geschworen, die Verfassung gegen ausländische und inländische Feinde zu verteidigen«, so Drake. »Als Geheimdienstmitarbeiter hatte ich außerdem die Pflicht, Fälle von ›Verschwendung, Betrug und Missbrauch‹ zu melden. Hier handelte es sich eindeutig um einen solchen Fall.«

Das sogenannte President's Surveillance Program (Präsidentielles Überwachungsprogramm) erinnerte Drake an das totalitäre Denken der Staatssicherheit der DDR, deren Kommunikation er im Kalten Krieg belauscht hatte. »Man verbringt nicht Jahr um Jahr mit dem Aushorchen eines Polizeistaats, ohne davon beeinflusst zu werden, das geht einfach nicht«, erzählte er mir. »Ich weiß noch, dass ich mir damals sagte, ich will nicht, dass so etwas in unserem Land passiert! Wie kann man in einer Gesellschaft leben, in der man sich immer verfolgt fühlt und nicht weiß, wem man trauen kann – nicht einmal in der eigenen Familie?«

Drake konnte seine Bedenken nur einer Handvoll Kollegen der NSA mitteilen, denn die betreffenden Überwachungsprogramme gehörten zu den geheimsten innerhalb der Regierung. Nur wenige Individuen verfügten über die zu deren Diskussion nötigen Sicherheitsfreigaben. Die gleichen Beschränkungen galten auf dem Kapitol. Drakes umfangreiche schriftliche und mündliche Zeugenaussage vor der Joint Inquiry into Intelligence Community Activities before and after the Terrorist Attacks of September 11, 2001 (Gemeinsame Untersuchung der Aktivitäten der Geheimdienste vor und nach den Terroranschlägen des 11. September 2001) fand im Rahmen »geschlossener« Sitzungen statt, zu denen nur Kongressabgeordnete und Mitarbeiter mit den nötigen Sicherheitsfreigaben Zugang hatten.

Drake brachte zahllose Stunden in diesen Sitzungen zu und kam doch irgendwann zu dem Schluss, dass keine Führungspersönlichkeit wirklich hören wollte, was er zu sagen hatte. Auf jeden Fall wollte niemand etwas unternehmen. Als Drake seiner Vorgesetzten Ms Baginski erzählte, die Ausweitung der Überwachung durch die NSA nach 9/11 sei rechtlich fragwürdig, soll sie ihn angewiesen haben, die Sache fallen zu lassen: Das Weiße Haus habe anders entschieden.[14]

Der Kongress reagierte Drake zufolge noch seltsamer. »Alle Informationen, die ich den vom Kongress bestellten Ermittlern gegeben hatte, scheinen verschwunden zu sein. Einzig die Tatsache, dass ich ausgesagt habe, ist dokumentiert. Ein Kongressmitarbeiter sagte mir, meine Aussagen würden als so geheim betrachtet, dass die NSA nicht einmal ihre Aufnahme in die hochgeheime Version des Abschlussberichts zulasse.«

Immer mehr Zeit verstrich und nichts geschah – das Präsidentielle Überwachungsprogramm wurde sogar ausgeweitet. Drake fand, er müsse mehr tun. Wenn seine Kollegen aus der Exekutive und Legislative nicht handelten, solange er sich an die Regeln hielt, musste er eben mit seinen Bedenken an die Presse gehen. Vielleicht würde eine Veröffentlichung zu Reformen führen. Im November 2005 kontaktierte Drake anonym die Journalistin Siobhan Gorman von der *Baltimore Sun*, der Heimatzeitung der NSA, deren Hauptquartier sich in Fort Meade, Maryland, befindet.

Bei seinem Kontakt mit der Journalistin habe er sich weiterhin an die Sicherheitsregeln der Regierung gehalten, so Drake. Er habe nie geheime Informationen preisgegeben und nur allgemein formuliert, was in der NSA vorging und wie man seine Behauptungen unabhängig überprüfen könne.

Ab Mai 2006 erschien daraufhin in der *Baltimore Sun* eine Reihe von Artikeln. Doch außerhalb der Geheimdienstzirkel wirbelten sie nicht gerade viel Staub auf – vielleicht, weil die Zeitung in Washington als nicht besonders relevant galt. Innerhalb der Geheimdienstzirkel allerdings reagierte man äußerst heftig. Vizepräsident Cheney persönlich soll angeordnet haben, der Whistleblower müsse gefunden und bestraft werden.

»Ich rechnete damit, meinen Job zu verlieren«, so Drake über seine mögliche Enttarnung als Quelle der Artikel in der *Baltimore Sun*. »Doch damit konnte ich leben. Hier ging es um viel mehr als um mich persönlich. Ich war beim Militär, und wenn es darauf ankam, riskierte man dort sein Leben für die Freiheit.«

Am Ende verlor Drake weit mehr als nur seinen Job. Am 10. November 2007 stürmten Bundespolizisten mit vorgehaltenen Waffen sein Haus in einem Vorort in Maryland. Er wurde im Rahmen des Espionage Act (Spionagegesetz) in 10 Punkten angeklagt, die insgesamt mit einer möglichen Strafe von bis zu 35 Jahren (und damit dem Rest seines Lebens) Gefängnis belegt waren. Er wurde öffentlich diffamiert: Der Großteil der täglichen medialen Berichterstattung übernahm die Darstellung der Regierung Bush, der zufolge er ein Krimineller war und einige der wichtigsten nationalen Verteidigungsmöglichkeiten gegen den Terrorismus aufs Spiel gesetzt hatte. Drakes Sicherheitsfreigabe wurde aufgehoben, wodurch er faktisch nirgends mehr beschäftigt werden konnte (weil solche Freigaben für die meisten Tätigkeiten im Sicherheitsbereich, auch im privaten Sektor, Voraussetzung sind). Ehemalige Kollegen wurden angewiesen, jeden Kontakt mit ihm einzustellen; wer dies nicht tat, dem drohte eine ähnliche Strafe.

Im Folgenden wird dargestellt, wie Drake sich – letztlich siegreich – gegen die Bemühungen der Regierung wehrte, ihn einzusperren. Jesselyn Radack, eine weitere GAP-Anwältin, spielte bei seiner Verteidigung eine entscheidende Rolle: Mit ihrer Hilfe kam es zu einem Artikel im *New Yorker*, der Drakes Handlungen im Kontext darstellte. Ein kurzer Auftritt in der Sendung *60 Minutes* ermöglichte der Öffentlichkeit ein genaueres Bild von Drake. Allerdings genügten diese Formen der Publicity nicht, um Drakes Veröffentlichungen zu einer für die Medien dauerhaft interessanten Geschichte zu machen und damit die Aufmerksamkeit der politischen Klasse in Washington oder gar die der breiten Öffentlichkeit zu wecken. Hätte es Edward Snowden nicht gegeben, wäre das unautorisierte Überwachungsprogramm der NSA deshalb vielleicht nie ganz aufgedeckt worden.

Im Rückblick unterscheiden sich die Erfahrungen von Drake und Snowden als Whistleblower in zwei entscheidenden Aspekten. Anders als Snowden hatte Drake wenig Einfluss auf die öffentliche Wahrnehmung. Und sein Whistleblowing brachte ihn an den Rand des finanziellen und persönlichen Ruins: Er verlor beinahe sein Haus, opferte geschätzt eine Million Dollar in Form entgangener Einkünfte und Anwaltsgebühren; noch einmal fast der gleiche Betrag entging ihm in Form von Pensionszahlungen. Er und seine Frau trennten sich (fanden aber später wieder zusammen), und er verlor zahllose Freunde aus dem beruflichen Umfeld.

Drake sagt, die Regierung habe ihn dennoch nie psychisch gebrochen – vielleicht auch, weil er als Kind eine innere Stärke entwickelt hatte. Auf Nachfrage erzählt er, seine emotionale Resilienz und sein Gerechtigkeitssinn stammten zum Teil von seinen Erfahrungen als Sohn eines gewalttätigen Vaters.

»Mein Vater hat mich oft verprügelt«, so Drake. »Aber er erreichte damit nie mein Innerstes, so viel Schmerz er mir auch zufügte. Manchmal musste ich mich beim Sportunterricht verstecken. Am schlimmsten war es während der fünften, sechsten und siebten Klasse. Ich habe mich nie vor anderen Kindern ausgezogen, weil dann zu viele Fragen kamen. Am liebsten mochte er den Gürtel ... Aber ich hatte meine Gedanken und meinen Geist. Je mehr ich über Geschichte las und nachdachte, umso mehr begriff ich, dass nicht nur ich ungerecht behandelt wurde. Und ich musste mir die Frage stellen: Warum behandeln wir einander so?«

Trotz des Preises, den er für das Whistleblowing zahlte, würde Drake es wieder tun: »Nein, ich bedauere es nicht«, sagte er mir. »Manches würde ich anders machen, aber ich bedauere es nicht. Die Regierung ist unglaublich mächtig, und wenn sie diese Macht missbraucht, muss sich jemand wehren.«

Als Edward Snowden wie alle anderen in der NSA Drakes Fall verfolgte, überlegte er sich bereits, ob er an die Öffentlichkeit gehen sollte. Obwohl beide in der NSA arbeiteten, hatten sie sich nie persönlich kennengelernt und waren einander nie begegnet. Der Geheimdienst beschäftigte ja zigtausend interne und über private Vertragspartner nochmals tausende externe Mitarbeiter. Außerdem stand Drake in der behördlichen Hierarchie deutlich weiter oben. Als sich Snowden überlegte, welche Möglichkeiten er hatte, zog er dennoch aus Drakes Erfahrungen entscheidende Lehren.

»Der Fall Thomas Drake stellte einen Wendepunkt in der Beziehung zwischen der staatlichen Exekutive, der die Geheimdienste unterstehen, und den einfachen Amerikanern dar, zu denen auch die Mitarbeiter dieser Behörden zählen«, sagte Snowden 2015.[15] »Wenn man in eine dieser Behörden eintritt, wird einem vom ersten Tag an immer wieder eingeschärft (...), dass man sich melden und etwas sagen muss, wenn man etwas Illegales, Verfassungswidriges, Verschwendung, Betrug oder Missbrauch entdeckt. Man habe nicht nur das Recht, sondern sogar die Pflicht, gegen unzulässige Praktiken vorzugehen.«

»Trotzdem gab es da einen Mann (Drake), der absolut alles richtig machte«, fuhr Snowden fort. »Er vertraute auf das System, als er mitbekam, dass Hunderte Millionen Amerikaner ohne Genehmigung einer Telefonüberwachung unterzogen wurden, oder als er bei Beschaffungsverfahren, der Einführung von Standards und ähnlichem Korruption entdeckte. Er meldete es dem Generalinspekteur, dann auch dem Kongress. Aber anstatt ihn zu schützen (...), gingen sie mit Vergeltungsmaßnahmen aktiv gegen ihn vor, möglichst öffentlich und offensiv, um der ganzen Belegschaft die Botschaft deutlich zu machen, dass sich die Dinge geändert hatten. (...) Es sei egal, ob etwas verfassungswidrig oder ungesetzlich erscheine, irgendwer habe irgendwo gesagt, dass es so in Ordnung sei. Man müsse es eben akzeptieren. Diese Lehre, dass das System ausgehebelt worden war, hat jeder an seinem Schreibtisch in jeder Behörde verinnerlicht. Wir haben die Veränderung alle bemerkt. Wir spürten, dass sich der Wind gedreht hatte.«

Was damals weder Snowden noch Drake wusste: Drake hatte beim Alarmschlagen auch im Pentagon, in der Dienststelle, die Beschwerden von Whistleblowern bearbeitete, einen erbitterten Streit entfacht. Dieser Kampf wird in Teil 3 dieses Buchs geschildert.

Auf der einen Seite stand der erwähnte »Dritte Mann«, John Crane, wie er tatsächlich heißt, der stellvertretende Generalinspekteur des Verteidigungsministeriums. Crane führte in dieser Eigenschaft die Aufsicht über das Whistleblower-Büro im Ministerium und bearbeitete alle von dort gemeldeten Vorwürfe von Whistleblowern, auch die aus der NSA und anderen Nachrichtendiensten. Zudem zeichnete er für Mitteilungen an den Kongress und die Nachrichtenmedien verantwortlich. Ohne dass Drake, Snowden oder Außenstehende etwas mitbekamen, drängte Crane darauf, Drakes Vorwürfen ordnungsgemäß nachzugehen und seine Identität geheim zu halten.

Auf der anderen Seite standen zwei Vertreter des Pentagons – Lynne Halbrooks, die geschäftsführende Generalinspekteurin des Ministeriums, und Henry Shelley jr., der Chefjustiziar der Generalinspekteurin. Laut Crane wurde er von Halbrooks und Shelley angewiesen, die Untersuchungen zu Drakes Vorwürfen einzustellen. Zudem sollte er Drakes

Identität den Mitarbeitern der Bush-Regierung verraten, die nach dem oder den geheimen Informanten des Artikels in der *New York Times* fahndeten, der im Dezember 2005 über die ausgeweitete Überwachung durch die NSA berichtet hatte.

Henry Shelley hat ein Interview für dieses Buch abgelehnt. In einer E-Mail teilte er mir mit: »Die meisten Themen, die Sie behandeln wollen, würden mich zwingen, Dinge zu erörtern, die unter die anwaltliche Schweigepflicht und/oder verschiedene Bundesgesetze zum Schutz der Privatsphäre Einzelner fallen. Ich bin zuversichtlich, dass mir keinerlei Fehlverhalten vorgeworfen werden kann, wenn diese Angelegenheit erst vollständig aufgeklärt ist.« Er fügte hinzu: »Ich vertraue darauf, dass Sie sich allen Beteiligten gegenüber fair verhalten.«

Ich antwortete, dass ich mich bei allem, was ich schreibe, um Fairness gegenüber »allen Beteiligten« bemühe. Dies könne freilich schwierig werden, wenn Fakten nicht umfassend dargelegt würden. Im Januar 2016 wandte ich mich an Shelleys Chef Glenn Fine, den Generalinspekteur des Verteidigungsministeriums, also an Shelleys Klienten in dieser Angelegenheit. Ich bat Fine, »Mr. Shelley von seiner Schweigepflicht zu entbinden«, und ihm zu erlauben, »offiziell zu den Vorwürfen gegen ihn und das Büro des Generalinspekteurs des Verteidigungsministeriums Stellung zu beziehen«. Fine lehnte mein Gesuch über eine Sprecherin ohne Begründung ab.

Lynne Halbrooks antwortete auf meine wiederholte Bitte um ein Interview erst gar nicht.

Wie Drake ging John Crane davon aus, dass staatliche Amtsträger zur Ehrlichkeit verpflichtet sind, ohne Rücksicht darauf, dass eine Enthüllung negative politische Konsequenzen haben kann. »Ich habe dafür zu sorgen versucht, dass es einen Edward Snowden niemals geben würde«, teilte mir

Crane mit. »Nachdem mir die Verantwortung für die Whistle-blower-Hotline (des Verteidigungsministeriums) übertragen worden war, habe ich einen geheimen und strenggeheimen Kanal eingerichtet, über den nachrichtendienstliche Beschäftigte, Zivilisten wie Militärs, Enthüllungen an unsere Dienststelle weiterleiten konnten, ohne Repressalien fürchten zu müssen.« Zu diesem Schritt bewogen worden war Crane durch die Erfahrungen von Bradley (später Chelsea) Manning, eines Nachrichtenanalysten der US-Armee. Manning hatte 2010 Tausende der Geheimhaltung unterliegende oder sensible Unterlagen der spendenfinanzierten Enthüllungsplattform WikiLeaks zugespielt, die darauf spezialisiert ist, geheim gehaltene Informationen aus anonymen Quellen zu veröffentlichen.[16] Mannings aufsehenerregendste Enthüllung waren Videobilder, die in US-Kampfhubschraubern im Irak aufgenommen worden waren: Sie zeigten in Echtzeit ein Massaker an unbeteiligten Zivilisten, darunter an zwei Journalisten der Nachrichtenagentur Reuters und zwei Kindern. »Schau dir die toten Bastarde an«, ruft im Video ein US-Pilot aus. Ein anderer höhnt: »Tja, ihr Fehler, wenn sie mit Kindern in die Schlacht ziehen.«

Als Manning die Dokumente an WikiLeaks weiterleitete, hatte er kaum Ahnung von dieser regierungskritischen Plattform und ihren Praktiken, Informationen frei zugänglich zu machen. WikiLeaks leitete einige von Mannings Dokumenten an den *Guardian* weiter. Beide forderten daraufhin die *New York Times,* den deutschen *Der Spiegel,* die Tageszeitung *Le Monde* in Frankreich und *El País* in Spanien auf, als Teil einer gemeinsamen Aktion ausgewähltes brisantes Material mit hohem Nachrichtenwert zu veröffentlichen – allerdings erst, nachdem es ihre Journalisten geprüft und in einen Zusammenhang gestellt hätten. Weitere Dokumente stellte Wiki-Leaks gesammelt zur freien Verfügung ins Netz.

Anders als später Snowden ging Manning bei seinen Enthüllungen fast völlig ohne Strategie vor. Er war schlicht entsetzt über die Grausamkeit und das Ausmaß an Korruption, das er bei seiner Arbeit mitbekam. »Ich konnte diese Dinge nicht einfach auf sich beruhen lassen«, erklärte er später. Offenbar ließ er sich von der Überzeugung leiten, dass die amerikanische Öffentlichkeit ein Anrecht darauf habe zu erfahren, wie ihre Steuergelder und die nationale Glaubwürdigkeit im Irak eingesetzt wurden. »Ich will, dass die Leute ohne Ansehen der Person die Wahrheit erfahren, weil die Öffentlichkeit ohne Informationen keine informierten Entscheidungen treffen kann«, sagte er. »Ich habe seltsamerweise das Gefühl, damit wirklich etwas verändern zu können. Aber vielleicht bin ich auch nur jung, naiv und dumm.«[17]

Töricht war natürlich, dass Manning eine Bekanntschaft im Internet in seine Aktion einweihte, einen Fremden, der daraufhin die US-Behörden informierte. Manning wurde verhaftet und wegen Spionage angeklagt. In Haft gab er bekannt, dass er sich seit jungen Jahren weiblich fühle und deswegen anstatt Bradley nun Chelsea genannt werden wolle. Im Juli 2013, rund einen Monat nach Beginn von Snowdens sensationellen Enthüllungen, wurde Chelsea Manning zu 35 Jahren Haft verurteilt, die sie im bestens gesicherten Militärgefängnis in Fort Leavenworth in Kansas absitzen muss.

Ein solches Schicksal wollte Crane anderen Whistleblowern ersparen. Er war weder ein Gegner der US-Militärstrategie noch hatte er zu Mannings Aktion eine klare Meinung. Er wollte lediglich sicherstellen, dass Hinweisgeber Missstände aufdecken konnten, ohne Vergeltung befürchten zu müssen.

Deswegen richtete er den geheimen und den strenggeheimen Telefonkanal für Whistleblower ein, über die »nachrichtendienstliche Funktionsträger und Zivilisten vertraulich alle Besorgnisse zur Sprache bringen konnten, ohne eine Entdeckung oder Vergeltung befürchten zu müssen«. Bis dahin war Snowden allerdings längst zu dem Schluss gelangt, dass der Versuch, entsprechende Anliegen über offizielle Kanäle anzusprechen, vergebens sei – eine Garantie dafür, dass seine Mission scheitern, dass er entlassen oder dass ihm Schlimmeres widerfahren würde. Seine Gründe erläuterte er nach seinem Gang an die Öffentlichkeit in einem Interview mit der *New York Times*. Wütende Regierungsvertreter und regierungsnahe Medien warfen ihm damals vor, er habe einseitig entschieden, dass bestimmte Arten von klassifiziertem Material an die Öffentlichkeit gelangen müssten. Wenn er gegen die Überwachungsprogramme der NSA rechtliche Bedenken hätte geltend machen wollen, so die Kritiker, hätte er sich an übergeordnete Instanzen wenden und die Verfahrenswege nutzen müssen, die für die Bearbeitung solcher Angelegenheiten eingerichtet worden seien.

Dieses Argument brachte bald darauf US-Präsident Obama vor, nachdem Teile von Snowdens Enthüllungen im Juni 2013 im *Guardian* erschienen waren. »Lange bevor Mr Snowden diese Informationen der Öffentlichkeit zuspielte, habe ich eine Anordnung des Präsidenten unterzeichnet, die Whistleblower in nachrichtendienstlichen Kreisen unter Schutz stellt«, sagte Obama. »Folglich standen jemandem, der Probleme mit seinem Gewissen hatte und meinte, dass staatliche Vorgehensweisen hinterfragt werden müssten, andere Wege offen.«

Denselben Einwand äußerte Hillary Clinton im Vorwahlkampf für die Präsidentschaft. Während der Debatte der Demokraten im Oktober 2015 antwortete sie auf die Frage, ob

Snowden »ein Held oder ein Verräter sei«, dass er willentlich Gesetze der Vereinigten Staaten gebrochen habe und die Konsequenzen tragen müsse. »Er hätte als Whistleblower agieren können«, sagte Clinton. »Er hätte jeden Schutz eines Whistleblowers für sich in Anspruch nehmen und sämtliche aufgeworfenen Probleme ansprechen können. Und ich meine, die Reaktion darauf wäre positiv ausgefallen.«

Obamas und Clintons Äußerungen waren allerdings weder durch das Gesetz noch durch die realen Erfahrungen von Whistleblowern wie Thomas Drake gedeckt. Der Schutz, den Snowden angeblich in Anspruch hätte nehmen können, hatte sich in Drakes Fall als Mogelpackung erwiesen. Und die »positive Reaktion«, die sich Clinton für Snowden vorstellte, war in seinem Fall alles andere als positiv ausgefallen. Zudem unterstand Snowden rechtlich nicht den schützenden US-Statuten zu Whistleblowern, weil er anstatt als Angestellter nur als Vertragspartner bei der NSA beschäftigt gewesen war.

Dagegen berief sich Snowden in seiner Antwort an seine Kritiker nicht nur auf die harten Repressalien, die Drake zu spüren bekam, sondern auch auf den gesunden Menschenverstand. In der Theorie könne man leicht dazu ermuntern, Missbräuche aufzudecken, teilte er der *New York Times* mit, aber in seinem Fall liege das Problem darin, dass seine Vorgesetzten bei der NSA die Urheber des Überwachungssystems gewesen seien, gegen das er protestiert habe. Ebenso seien die Geheimdienstausschüsse von Senat und Repräsentantenhaus im Kapitol über die erweiterte Überwachung auf dem Laufenden gewesen und hätten sie gebilligt. »Das System funktioniert nicht«, teilte Snowden der *New York Times* mit. »Man muss das Fehlverhalten gerade denjenigen melden, die es am ehesten zu verantworten haben.«

Als eine zweite Lehre aus Drakes Erfahrungen erkannte Snowden, dass man für Transparenz sorgen und sich eine Fülle an Munition zulegen muss, wenn man sich mit Besorgnissen an die Medien wendet. Er hatte das Verhältnis zwischen Nachrichtenmedien, Öffentlichkeit und staatlichen Akteuren offenbar gut genug studiert, um einzusehen, dass eine Regierung einen Skandal in der Regel dann übersteht, wenn er nur für einen oder drei Tage für Aufregung sorgt – so wie die Artikel in der *Baltimore Sun,* die auf Drakes geheimem Material beruht hatten. Um die öffentliche Aufmerksamkeit zu fesseln und die Regierung echt unter Druck zu setzen, brauchte es Enthüllungen, die die gesamte ständig laufende mediale Berichterstattung aufmischten und gleich mehrere Wochen für Schlagzeilen sorgten. Und dazu war nicht nur eine einzelne Enthüllung notwendig, egal, wie sensationell sie war, sondern ein nicht abreißender Strom an Informationen mit Nachrichtenwert. In dieser und anderer Hinsicht war Daniel Ellsbergs Beispiel von vor vierzig Jahren mindestens so lehrreich wie Drakes Schwierigkeiten in jüngster Zeit gewesen. Ellsbergs Pentagon-Papiere waren über sechs Wochen hinweg in der *New York Times* behandelt worden, in jeweils einem oder mehreren Artikeln pro Tag. Während auf der Titelseite ein Knüller nach dem anderen erschien, stieg in der Öffentlichkeit die Spannung immer weiter: Welche Sensation würde in der morgigen oder übermorgigen Ausgabe enthüllt? Rasch folgten die übrigen Medien der Berichterstattung der *Times* und verschafften der Thematik so große Aufmerksamkeit, dass sie nicht mehr zu ignorieren war.

Und als eine umfassendere Lehre aus Ellsbergs Beispiel genügte es nicht, Journalisten Informationen mündlich mitzuteilen, schon gar nicht, wie Drake es getan hatte, anonym. Ein Whistleblower brauchte offizielle Unterlagen, die seine

Vorwürfe konkret belegten. »Wenn du auf den König schießt, müssen die Schüsse tödlich sein«, erklärte Ellsberg. »Die Medien scheuen das Risiko, den König zu verärgern, wenn ihnen schriftliche Belege fehlen.« Deswegen müssen Whistleblower, die der Presse Informationen zuspielen, »Dokumente vorlegen, und zwar *viele*, wenn sie große Wirkung entfachen wollen«. Als Snowden massenhaft mit Unterlagen aufwartete, scheute er allerdings vor dem Beispiel von WikiLeaks zurück, sämtliche verfügbaren Informationen zu veröffentlichen. Er hielt manche Unterlagen zurück und entfernte aus anderen Einzelheiten, bei denen er befürchtete, sie könnten US-Agenten in Gefahr bringen oder legitimen Sicherheitszielen zuwiderlaufen. Die Journalisten David Leigh und Luke Harding vom *Guardian* berichteten in ihrem Buch *WikiLeaks: Inside Julian Assange's War on Secrecy*, dass Assange die journalistische Konvention zurückgewiesen habe, Namen geheim zu halten, wenn deren Veröffentlichung für die Betreffenden ein Risiko berge. Assange leugnete den Vorwurf und stellte ihn als Teil einer Kampagne dar, um ihn und WikiLeaks zu diskreditieren. Am Ende blieben die betreffenden Namen ungenannt.

Anders als WikiLeaks, das offenbar Gefallen daran fand, die US-Regierung in Bedrängnis zu bringen, vertrat Snowden den Standpunkt, dass demokratische Staatsführung keineswegs bedeute, dass die Öffentlichkeit die Namen sämtlicher Zielpersonen von Überwachungsmaßnahmen oder aller nachrichtendienstlichen Operationen der US-Regierung erfahren müsse. Gemeint sei vielmehr, dass »wir als Amerikaner und Mitglieder der Weltgemeinschaft ein Anrecht darauf haben, in groben Umrissen Einblick in staatliche Politik zu erhalten, die sich bedeutend auf unser Leben auswirkt«. Snowden war wichtig, Poitras, Greenwald, MacAskill und ihren Journalistenkollegen beim *Guardian* und der *Washington Post* die letzte Entscheidung darüber zu überlassen, welche Teile der von ihm gelieferten Informationen öffentlich werden sollten und welche nicht. Während die Verfechter des Status quo Snowden in allen Angriffen Rücksichtslosigkeit unterstellten, hatte er seine Aktionen in Wahrheit sorgfältig abgewogen und ihre Wirkung damit verstärkt.

Am allermeisten beeindruckte die Whistleblower-Experten des Government Accountability Project (GAP) die Wirkung, die Snowden mit seinem Vorgehen erzielte. Snowden stellte zwar besondere Courage unter Beweis und hatte Spektakuläres enthüllt, aber dies war auch bei Hunderten anderen Whistleblowern der Fall gewesen, die Tom Devine und Louis Clark in dreißig Jahren im GAP beraten hatten. Snowden zeichnete sich dagegen durch seine Fähigkeit aus, aus den Erfahrungen von Whistleblowern vor ihm Lehren zu ziehen und sie zu einer Strategie zu verarbeiten, mit der die üblichen bürokratischen Fallstricke vermieden und sensationelle Ergebnisse erzielt wurden. Da die ungenehmigte Weitergabe geheimer Dokumente eindeutig illegal war, musste er wie vor ihm Ellsberg natürlich auch bereit sein, gegen Gesetze zu verstoßen und die Konsequenzen zu tragen.

»Es läuft auf den Unterschied zwischen einem gesetzeskonformen Gang an die Öffentlichkeit und einem als Akt des zivilen Ungehorsams hinaus«, sagte Devine. »Keiner der Whistleblower, die auf die illegalen Überwachungsaktivitäten der Regierung aufmerksam zu machen versuchten, und Drake war hier bei weitem nicht der Einzige, hatte irgendwelchen Erfolg. Wenn sie ihre Vorwürfe vorbrachten, behaupteten die staatlichen Stellen schlicht, sie würden lügen oder seien paranoid. Derlei Rechtsverstöße kämen bei ihnen nicht vor.

Außerdem konnten die Whistleblower keine Belege vorlegen, weil die Regierung sämtliches Beweismaterial der Geheimhaltung unterstellt hatte. Snowden wappnete sich dagegen mit einschlägigem Material. Als die Regierung die üblichen Dementis ausgab, konnte er ein Dokument nach dem anderen als Beweis vorlegen, dass gelogen wurde – als ein Akt des zivilen Ungehorsams. Und in der Arena der nationalen Sicherheit ist Whistleblowing als Akt zivilen Ungehorsams das Einzige, was funktioniert.«

Sich dem Stamm anschließen

Am Ende lernten sich Snowden und Thomas Drake persönlich kennen – am 7. Oktober in Moskau. Drake hatte sich einer kleinen Delegation aus Whistleblowern angeschlossen, die in die russische Hauptstadt flogen, um Snowden mit einem Preis auszuzeichnen und ihm ihre Solidarität zu bekunden. »Das war ein ganz besonderer Augenblick«, erzählte mir Drake. »Es war wie eine Begegnung mit mir selbst im Spiegel. Ich hatte immer gehofft, dass mir jemand wie er nachfolgen würde.«

Snowden hat sich zu dem Treffen mit Drake nicht öffentlich geäußert und reagierte auch nicht, als ich ihm über Vermittler Anfragen zukommen ließ, sich für dieses Buch interviewen zu lassen. Aber es gibt einen Bericht aus zweiter Hand von Ray McGovern, dem ehemaligen CIA-Agenten, der, wie erwähnt, Michael Hayden dafür kritisiert hatte, dass er Folterpraktiken verteidigte. McGovern gehörte der nach Moskau gereisten Delegation an.

»Wir wurden in einem Transporter abgeholt und zu einem

Raum gebracht, der wie ein gemütlicher Speisesaal in einem Restaurant aussah«, berichtete er. »Ed erwartete uns dort. Ich ging als erster hinein und stellte mich vor: ›Ray McGovern.‹ Er nickte und sagte: ›Hallo Ray, ich bin Ed.‹ Dann hefteten sich seine Augen auf Tom Drake hinter mir. Sein staunender und anerkennender Blick verriet mir seine Gedanken, die er mir später denn auch bestätigte: *Mein Gott, das ist Tom Drake. Ich habe der Presse in Hongkong mitgeteilt, dass mich Toms Beispiel – vier Jahre, in denen ihm die US-Behörden Gefängnishaft androhten – gelehrt hatte, wie ich vorgehen musste. Dieser Tom Drake hier ist durch sein Beispiel dafür verantwortlich, dass ich mit meiner Mission Erfolg habe. Toll! Er steht leibhaftig vor mir.* Ich spürte diese Ehrfurcht, Anerkennung und tiefe Wertschätzung. Ein Jahr später fragte ich Ed: ›War es das, was du gedacht hast?‹ Er antwortete: ›Ja, klar, du hast es erfasst!‹ Man spürt einfach, wenn jemand so innig empfindet, und so war es auch in diesem Augenblick.«

Ob sie es wussten oder nicht, in dem Moment, als Drake und Snowden ihre Enthüllungen starteten, traten sie gleichsam in einen Volksstamm ein, in denselben, dem sich 1971 Daniel Ellsberg angeschlossen hatte und zu dem sich in den nachfolgenden Jahren Hunderte weniger bekannte weitere gesellt hatten. Der Eintritt in diesen Stamm hing nicht vom Geburtsort oder der Familie ab. Über die Mitgliedschaft entschieden vielmehr ethische Entscheidungen und Handlungen. War es dem Betreffenden unmöglich, angesichts offenkundiger Missstände seinen Mund zu halten? Musste er trotz der Risiken auf sie aufmerksam machen? Blieb er angesichts der Vergeltung, die die beschuldigten Personen oder Institutionen zwangläufig üben würden, weiterhin standhaft? Diese moralische Sturheit angesichts der persönlichen Risiken liegt in der ethischen

DNS aller Angehöriger des Stammes der Whistleblower begründet.

»Ich halte es deshalb für angebracht, Whistleblower als Stamm zu bezeichnen, weil sie sich miteinander identifizieren«, sagte Clark von GAP. »Unabhängig vom jeweiligen Anliegen oder dem Ausgang ihres Falles haben sie die gleichen Kämpfe durchgemacht. Sie sind wie Veteranen aus Vietnam oder dem Zweiten Weltkrieg. Sie empfinden sich als Kameraden, weil sie durch gemeinsame Erfahrungen zusammengeschweißt werden. Als (der ehemalige GAP-Aktivist) Tom Carpenter und ich 1999 nach Russland reisten, hatten wir hochinteressante Begegnungen mit russischen Whistleblowern. Wir hatten einige amerikanische Whistleblower dabei. Zwischen ihnen entstand eine unglaublich enge Verbundenheit, trotz der großen Unterschiede in der Kultur, der Sprache und allem Möglichen – einfach verblüffend.«

Edward Snowden war der erste Whistleblower, von dem viele Menschen seiner Generation erstmals hörten. Tatsächlich war er allerdings nur der letzte in einer langen Reihe Einzelner, die ähnliche Entscheidungen getroffen und dafür mit Blick auf ihr Berufs- oder Privatleben einen vergleichbaren oder höheren Preis bezahlt hatten. Auch wenn nur wenige ein so hohes Maß an Bekanntheit oder Einfluss erlangten, bewirkten manche Bedeutendes und schafften es sogar, ihr Anliegen zur Sprache zu bringen, ohne dass ihre Laufbahn und ihr seelisches Gleichgewicht allzu großen Schaden nahm.

Die wohl bekanntesten Whistleblower sind diejenigen, deren Werdegang ausreichend dramatischen Stoff für eine Hollywood-Verfilmung abwarf. Der Kinostreifen *Serpico* von 1973 erzählte die Geschichte von Frank Serpico, eines New Yorker Polizisten, gespielt von Al Pacino, der Kollegen verriet, die

Schmiergelder einstrichen, mit Drogen dealten und ihre beeidete Gesetzestreue auch anderweitig verhöhnten. Der Film *Insider* von 1999 rückte Jeffrey Wigand ins Visier, einen von Russell Crowe verkörperten Chemiker in einem Tabakkonzern, der öffentlich machte, dass seine Vorgesetzten den Zigaretten Zusatzstoffe beimischen ließen, um die Suchtwirkung des Tabaks zu erhöhen. Al Pacino tritt diesmal als ein Fernsehproduzent auf, der Enthüllungsstorys aufgreift und Wigands Story gegen den Widerstand seiner Vorgesetzen, die kalte Füße bekommen haben, doch auf Sendung bringt. In *Silkwood* (1984) spielt Meryl Streep die Titelrolle der Karen Silkwood, einer Laborantin in einer Plutoniumaufbereitungsanlage, die bei einem mysteriösen Autounfall ums Leben kam. Als sie zu einem Reporter der *New Yorker Times* gefahren war, um ihm über die gefährlichen Arbeitsbedingungen in ihrer Anlage zu informieren, war ihr Wagen von der Straße abgedrängt worden.

In Großbritannien trat als eine der konsequentesten Whistleblowerinnen der letzten Jahre Katharine Gun hervor, deren Geschichte ebenfalls fürs Kino verfilmt wurde.[18] Gun arbeitete 2003 im Government Communications Headquarters (GCHQ), der britischen Entsprechung der NSA, als sie eine E-Mail erhielt, in der ihre Behörde dazu aufgefordert wurde, die USA darin zu unterstützen, UN-Regierungsdelegationen auszuspionieren. Den Hintergrund bilden die damaligen Versuche des US-Präsidenten George W. Bush und des britischen Premierministers Tony Blair, den UN-Sicherheitsrat dazuzubringen, den Einmarsch in den Irak mit der Verabschiedung einer Resolution zu unterstützen. Die E-Mail, die Gun zuging, enthielt eine Denkschrift der NSA mit einer Anweisung an das GCHQ, »die ganze Skala an Informationen« zu sammeln, »die amerikanischen Politikern eine gute Basis verschaffen könnten, um günstige Ergebnisse für die US-Ziele zu erreichen«. Erschreckt über ihre Regierung, die angesichts des Widerstands gegen die Irak-Invasion in ganz Europa mit den USA heimlich gemeinsame Sache machte, spielte Gun die Denkschrift der Wochenzeitung *The Observer* zu. Der dadurch ausgelöste Aufruhr trug dazu bei, dass der UN-Sicherheitsrat den Einmarschplänen jede Unterstützung verweigerte, sodass Bush und Blair zu einem Alleingang im Irak gezwungen waren. Trotz ihrer Entlassung und drohender Gefängnishaft bereute Gun ihre Handlungen niemals. Später sagte sie: »Ich bin immer nur meinem Gewissen gefolgt.«

In der nächsten Reihe stehen Whistleblower, die von den etablierten Medien bedeutende Aufmerksamkeit erfuhren, so die drei Frauen, die das Nachrichtenmagazin *Time* auf dem Titelblatt als »Personen des Jahres« 2002 feierte: Coleen Rowley, die oben erwähnte FBI-Agentin, Sherron Watkins, eine Vizepräsidentin des Enron-Konzerns, die in dessen Bilanzen Unregelmäßigkeiten aufspürte, die ihm und seinen Kunden Verdruss bereiten sollten, sowie Cynthia Cooper, eine Vizepräsidentin im WorldCom-Konzern, die eine Bilanzfälschung in Höhe von 3,8 Milliarden US-Dollar aufdeckte, den bislang größten Betrug seiner Art in der US-Geschichte.

Durchforstet man das Archiv des Government Accountability Project, stößt man auf eine Reihe weiterer Erfolgsgeschichten, die zwar weniger bekannt sind, aber für das Gemeinwohl ebenso wertvolle Beiträge leisteten. »Die Geschichte der Whistleblower begann tatsächlich in der modernen Ära der Vereinigten Staaten mit Ernie Fitzgerald«, sagte Clark. Als Finanzanalyst für die US-Luftwaffe deckte Fitzgerald 1968 beim Lufttransporter C-5A eine Budgetüberschreitung um 2,3 Milliarden Dollar auf. Obwohl ihn Vorgesetzte unter Druck setzten, nahm er kein Blatt vor den Mund und sagte als Zeuge vor dem gemeinsamen Wirtschaftsausschuss des US-Kongresses aus. Präsident Nixon ordnete persönlich seine Entlassung an. »Ich habe gesagt, ihr sollt den Hundesohn rausschmeißen«, sagte er zum Präsidentenberater Charles Colson, wie das Aufzeichnungssystem des Weißen Hauses festhielt.

»Der Punkt ist nicht, dass (Fitzgerald) sich über die Budgetüberschreitung beschwert, sondern dass er dies öffentlich getan hat«, teilte Nixon später seinem Berater John Ehrlichman mit.[19] Fitzgerald klagte gegen die Entlassung und wurde wieder eingestellt – nach 14 Jahren. Als er am Ende aus dem Staatsdienst ausschied, pries ihn der republikanische Senator Charles Grassley aus Iowa als »Vater aller Whistleblower«, der ihn bewogen habe, den Schutz von Hinweisgebern zu seinem Kernthema zu machen. Grassley begrüßte Fitzgeralds Engagement als Beweis dafür, dass »jemand, der entschlossen auftritt, tatsächlich etwas bewirken kann«.[20]

Zu weiteren bemerkenswerten Whistleblowern zählen Dr. David Graham, ein Wissenschaftler der US-Lebens- und Arzneimittelbehörde FDA, der den Anstoß dazu gab, das Rheuma- und Schmerzmittel Vioxx vom Markt zu nehmen, das im Zusammenhang mit 50 000 tödlichen Herzanfälle stehen soll. Rick Piltz, ein Analyst im US-Programm zur Koordinierung der Forschungen zum Klimawandel, machte öffentlich, dass die staatlichen Berichte zur Erderwärmung von einem ehemaligen Lobbyisten der Ölindustrie zensiert wurden, den George W. Bush in der Umweltabteilung des US-Präsidialamtes installiert hatte. Entsprechend wehrte James Hansen, der bedeutendste Klimaforscher der NASA, Versuche der Bush-Cheney-Administration ab, ihn zu knebeln. Hansen hatte schon 1988 vor dem US-Kongress ausgesagt, dass der vom Menschen verursachte Klimawandel bereits eingesetzt habe, und damit das Thema auf die öffentliche Agenda gesetzt. Aldric Saucier, der zivile Forschungschef der US-Armee, wirkte daran mit, eine zusätzliche Finanzierung des Raketenabwehrprogramms »Star Wars« abzuschmettern, nachdem er zum Schluss gelangt war, dass das fast 1 Billion US-Dollar teure Vorhaben reine Geldverschwendung sei. Und wie in Teil 2 eingehend dargestellt, deckten Whistleblower im Atomkraftwerk William H. Zimmer in Ohio lumpige Materialeinsätze und gefährliche Praktiken auf. So wurden anstelle von Qualitätsstahl Schrottmetalle verbaut und die Ergebnisse von Röntgenuntersuchungen an Sicherheitsschweißnähten gefälscht. Ihre Enthüllungen führten zwangsläufig zu einer Stornierung des Auftrags für die zu 97 Prozent fertiggestellte Anlage.[21]

Nichts zu beschönigen gibt es freilich an der Tatsache, dass die meisten Whistleblower Erfahrungen machen, die eher denen Thomas Drakes als denen Edward Snowdens ähneln. Das gilt für die Stammesangehörigen in Konzernen ebenso wie für die an staatlichen Stellen. In seinem Buch *The Corporate Whistleblower's Survival Guide* schreibt Tom Devine: »Diejenigen, die meinen, dass öffentlich auf Missstände aufmerksam zu machen, ein Weg zu Ruhm und Anerkennung sei, sollten nochmals nachdenken. Die meisten Whistleblower leiden im Verborgenen, frustriert über abgebrochene Karrierebrücken und darüber, dass sie sich niemals Genugtuung verschaffen konnten. Herausragende und umschwärmte Leuchtfeuer der Hoffnung sind seltene Ausnahmen, von denen die meisten ebenfalls einen hohen Preis bezahlten und lebenslange Narben davontrugen.«[22] Dennoch treten weiterhin Whistleblower an die Öffentlichkeit. Was stellen sie damit unter Beweis?

Moralische Überlegenheit? Standhaftigkeit? Torheit? Clark argumentiert, dass dem Whistleblowing in den kommenden Jahren noch größere Bedeutung zukommen wird, weil dies »die einzige Chance ist, das Ausmaß an Korruption zu bewältigen, mit dem wir in der modernen Gesellschaft konfrontiert sind. Die US-Regierung hat offenbar beschlossen, für Regulierungen keine Finanzmittel bereitzustellen, während die Medienkonzerne ihre investigativen Abteilungen schließen. Der Kongress verabschiedet Gesetze wie den Dodd-Frank Act (zur Regulierung des Finanzmarkts) und den Food Safety Modernization Act zur Lebensmittelsicherheit, bewilligt aber keine Gelder, um diese auch durchzusetzen. Die Aufgabe, das Gebaren von Konzernen zu überwachen, fällt mangels Alternativen offenbar Whistleblowern zu.«

Obwohl im heutigen Washington selten, stellt das Aufdecken von Skandalen ein Thema dar, dessen sich Demokraten wie Republikaner gerne annehmen, zumindest im Grundsatz. Abgeordnete beider Parteien verkünden in der Öffentlichkeit mit Begeisterung, dass Whistleblower im staatlichen und privaten Sektor entscheidende Waffen im Kampf gegen Verschwendung, Betrug und Missbrauch seien. Aber bei Abstimmungen verhalten sie sich häufig anders. Oft obsiegt die Loyalität gegenüber einem Industriezweig oder einer Bundesbehörde über ihre theoretische Unterstützung. Die Attacken, die Republikaner wie Demokraten gegen Edward Snowden führten – und ihr Schweigen zu den Angriffen der NSA auf Drake – sind nur zwei Beispiele für einen umfassenderen Trend. »Whistleblowing im Bereich nationale Sicherheit ist die letzte Grenze, die Politiker nicht überschreiten wollen, wenn es darum geht, ihre Rhetorik in anwendbare Gesetze zu überführen«, sagt Devine.

Der spannendste Ansatz, um das Potential von Whistleblower zu nutzen, erfuhr keinerlei öffentliche Aufmerksamkeit, könnte aber am Ende die amerikanische Geschäftswelt verändern, Unternehmen Milliarden Dollar an Strafzahlungen kosten und Konzernmanager ins Gefängnis bringen. Dank der Unterstützung beider Parteien im Kongress und der jahrzehntelangen Arbeit, die das GAP und andere Aktivistengruppen hinter den Kulissen leisteten, genießen inzwischen 80 Millionen Beschäftigte in der US-Privatindustrie einen starken Schutz für Whistleblower, zumindest auf dem Papier. Es bestehen sogar finanzielle Anreize für Angestellte, Korruption in Betrieben zu melden. Um betrügerische Insidergeschäfte von der Art zu bekämpfen, wie sie die Finanzkrise 2008 befeuert hatte, führte die US-Börsenaufsicht SEC ein »Prämienprogramm« ein, das Whistleblower belohnt, die die Behörde auf Fehlverhalten in Konzernen aufmerksam macht. In einer radikalen Umkehr der bisherigen Praxis dürfen Beschäftigte belastende Dokumente vom Arbeitsplatz entfernen und an die Aufsicht weiterleiten, ohne rechtlich belangt zu werden. »Die Konzerne drehen fast durch«, sagte Clark schmunzelnd. »Sie nennen es Diebstahl von Privateigentum und wollen ihre Angestellten zwingen, sich per Unterschrift dazu zu verpflichten, Fehlverhalten für sich behalten. Gelder, die sie aus dem Prämienprogramm erhalten, sollen sie sogar an den Konzern abführen müssen.«

»Es ist fraglos nicht immer einfach oder einträglich, in einem Konzern als Whistleblower aufzutreten«, sagte Anwalt Jordan Thomas, ein Partner in der Kanzlei Labaton Sucharow, laut ihm die erste, die ausschließlich Whistleblower für die SEC vertritt. Thomas, der als ehemaliger stellvertretender Leiter der SEC daran mitgewirkt hatte, deren neue Politik gegenüber Whistleblowern zu umreißen, betonte allerdings auch bestehende Mängel. Passagen im Dodd-Frank Act, dem Bundesgesetz, das das Finanzmarktrecht nach der Bankenkrise 2008 umfassend veränderte, habe für Whistleblower in Unternehmen insofern »eine andere Realität« geschaffen, als Missstände anonym gemeldet werden könnten. Anonymität heiße allerdings, dass Whistleblower und die erklecklichen Belohnungen, die sie verdienen könnten, der Öffentlichkeit verborgen blieben. Gemäß dem besagten Bundesgesetz hat ein Whistleblower Anspruch auf 10 bis 30 Prozent jener Summe, die ohne sein Eingreifen verlorengegangen wären. Thomas teilte mir mit, ein Klient von ihm habe 35 Millionen Dollar eingestrichen, und fügte hinzu: »Es gibt ein öffentliches Interesse daran, auf dies(en Anreiz) klar hinzuweisen. Wenn wir den Leuten weiterhin sagen, dass sich Whistleblower auf ein böses Ende gefasst machen müssen, werden Missstände kaum so häufig gemeldet werden, wie es die Verhütung einer weiteren Finanzkrise erfordert.«

US-Präsident Obama trat als starker Unterstützer für die Rechte der Whistleblower in Unternehmen auf, verblüffte deren Fürsprecher aber gleichzeitig dadurch, dass er gegen Hinweisgeber im staatlichen Bereich besonders hart vorging. Als Präsidentschaftskandidat hatte er 2008 versprochen, für Whistleblower einzutreten und »die transparenteste Regierung in der Geschichte« zu führen. Im Amt löste er diesen Anspruch nur gegenüber Whistleblowern im Privatsektor ein. Beschäftigte im Staatsapparat – mit anderen Worten Leute, die für ihn arbeiten – waren ein anderes Thema, insbesondere im Bereich der nationalen Sicherheit.

Die Obama-Administration ließ sieben Whistleblower wegen Spionage anklagen – weitaus mehr als jede US-Regierung vor ihr. Zudem ließ sie in einem nie dagewesenen Ausmaß Ermittlungen gegen Journalisten einleiten oder bedrohte sie damit und erhöhte dramatisch die Menge an behördlichem Informationsmaterial, das der Geheimhaltung unterstellt wurde. »Dies ist ein weiteres Beispiel für das Rätsel Obama«, sagte Clark. »Obama war fraglos der beste Präsident beim Whistleblowing in Konzernen, aber der schlechteste, wenn es um Enthüllungen geht, die Fragen der nationalen Sicherheit berühren.« Ein umfassender Bericht zum Whistleblowing in Amerika würde den Rahmen dieses Buchs sprengen, aber schon die hier gebotene Kurzversion gibt eine eindrucksvolle Vorstellung davon, was sich in der neueren Geschichte der Nation bewegt hat. Sie gibt insbesondere Einblick hinter die Kulissen der Tagesgeschäfte von Regierung und Politik und macht deutlich, wie oft das Streben nach Macht und Privilegien den Ansprüchen von Demokratie und Rechenschaftspflicht zuwiderlaufen.

Diese andere Geschichte blieb bis heute weitgehend unbeachtet, weil die wichtigsten Medien über die Enthüllungen der meisten Whistleblower kaum berichten. Dennoch deuten die Fakten darauf hin, dass Whistleblower das Leben in den USA stärker beeinflusst haben, als gemeinhin anerkannt wird. Wenn Insider wie Snowden und Ellsberg, Coleen Rowley oder Jeffrey Wigand die Rote Karte ziehen, wenn sie in hochgestellten Kreisen Lügen, Gesetzesverstößen oder anderen Verfehlungen auf die Spur kommen, kann die Gesellschaft enorm profitieren. Kriege können enden, lebensgefährliche Produkte vom Markt verschwinden und Verbrecher im Gefängnis landen, wenn Skandale öffentlich werden.

Natürlich stehen der Offenlegung von Geheimnissen immer Einwände entgegen, wie Hayden und andere Snowden-Kritiker argumentieren. Und nicht jeder selbsternannte Whistleblower hat edle Motive. In den Jahren, in denen ich Vorwürfen von Whistleblowern nachging, stieß ich auf einige, denen das eigene Ego oder persönliche Gründe wichtiger waren als das öffentliche Interesse. Und andere hatten fraglos lautere Anliegen, überschätzten aber die Bedeutung des aufgedeckten Fehlverhaltens oder hatten für ihre Behauptungen keine überzeugenden Beweise. Wie also lassen sich berechtigte von unberechtigten Vorwürfen unterscheiden? Mit welchen durchsetzbaren Regeln kann man sicherstellen, dass die Kanäle für berechtigte Einsprüche geschützt, aber nicht dazu missbraucht werden, sich moralisch zu profilieren?

Werden angesichts von Edward Snowdens Beispiel in Zukunft mehr oder weniger Skandale aufgedeckt? Wie wird jemand überhaupt zum Whistleblower? Warum macht eine Handvoll Einzelner den Mund auf, während die erdrückende Mehrheit schweigt? Wo liegt das richtige Maß zwischen der Freiheit des Whistleblowers, Skandale aufzudecken, und der staatlichen Verantwortung, die Sicherheit der Nation zu garantieren, oder der Verpflichtung von Konzernen gegenüber ihren Aktionären? Da sich Whistleblower, um ihre Anliegen öffentlich zu machen, generell auf Nachrichtenmedien stützen, die durch sie an Ansehen und Aufmerksamkeit gewinnen, stellt sich zudem die Frage nach der angemessenen Beziehung zwischen beiden.

Erst wenn Snowdens Aktionen vor dem Hintergrund der zahlreichen Whistleblower gesehen werden, die ihm vorangingen, wird seine außergewöhnliche Leistung deutlich. Das gilt auch umgekehrt: Snowdens Beispiel fordert uns auf, uns weitergehend mit dem Stamm der Whistleblower, dem er sich anschloss, und dessen Tradition des prinzipientreuen Dissenses auseinanderzusetzen.

Diesen Fragen geht Teil 2 dieses Buchs mit einem Versuch nach zu erklären, was Whistleblower antreibt, wie sie vorgehen, welchen Preis sie für ihr Engagement bezahlen und welche Veränderungen sie erkämpft haben. Teil 3 befasst sich erneut mit Snowden, Drake und Crane, drei Fällen, die grundlegende Fragen über die Zukunft des Whistleblowing – und faktisch einer demokratischen Staatsführung – im Zeitalter Snowden aufwerfen.

II Im Innern des Nervenzentrums

Eine Verpflichtung, die Dinge in Ordnung zu bringen

Sein Haar war inzwischen weiß. Der Sommer des Jahres 1967 lag unendlich weit zurück. Doch als ihm ein Freund ein Foto seines 19-jährigen Selbst schickte, kehrten die Erinnerungen an jene Adrenalin-geschwängerten Tage augenblicklich zurück, und er erzählte die Geschichte, als hätte sie sich erst gestern ereignet.

Das Bild zeigte ihn von hinten: einen schlaksigen weißen Jugendlichen mit für die damalige Zeit unmodisch kurzem Haar. Ein zweiter junger Mann, ein Schwarzer, kniete neben ihm. Beide hielten ein weißes Blatt Papier in der Hand. Ihnen gegenüber waren ein schwarzer Vater, eine schwarze Mutter und fünf Kinder auf der Veranda eines kleinen, einfachen, aber robusten Holzhauses versammelt. Ohne Schuhe, in den Baumwollkleidern und T-Shirts der Landbevölkerung, hörte die Familie zu, wie der junge Schwarze seine Ansprache hielt. Die Szene wirkte freundlich, aber ernst.

»Das bin ich mit meinem schwarzen Freund Ralph«, sagte Louis Clark. Er saß in einem Konferenzraum des GAP in Washington. »Wir versuchten, schwarze Menschen in Mississippi davon zu überzeugen, sich in die Wählerlisten eintragen zu lassen.« Clark war drei Jahre zuvor erstmals nach Mississippi gekommen, auf einer von seiner Kirche in Illinois organisierten Missionsreise. »Wir gingen dorthin, um eine Schule für arme Kinder zu bauen«, erinnerte er sich. »Die Kinder waren weiß, aber wir konnten die rassische Spannung in der Luft spüren. Das war 1964. Die Schule, die wir bauten, lag sechzehn Kilometer außerhalb Philadelphias, wo in jenem Sommer drei weiße Bürgerrechtler ermordet worden waren. Ich ging (1967) zurück, weil ich eine Verpflichtung verspürte, die Dinge in Ordnung zu bringen.«

Dabei zu helfen, die Dinge in Ordnung zu bringen, barg freilich Risiken. Clarks Wagen hatte Nummernschilder aus einem anderen Bundesstaat; viele Einheimische mochten es nicht, wenn Außenstehende in ihren Staat kamen und »Unruhe stifteten«, wie sie es nannten. »Ich wurde in jenem Jahr vierzehn Mal von der Polizei angehalten«, sagte Clark. »Jedes Mal dachte ich, *das könnte das Ende sein.*«

Außerdem gab es noch den Ku Klux Klan.

»Eines Abends trafen Ralph und ich uns weit draußen auf dem Land mit einer Gruppe schwarzer Gemeindesprecher. Irgendwie fand der Klan das heraus. Als wir hinterher zu unserem Auto gingen, warteten draußen nämlich schon ein paar Typen. Sie fingen an, uns zu verspotten und zu schubsen, weil sie uns provozieren wollten.

Plötzlich fuhr eine dicke Limousine vor, was sie lange genug ablenkte, dass Ralph und ich in meinen Wagen springen und davonbrausen konnten. Sie drängten sich in die Limousine und verfolgten uns. Wir flogen über diese Landstraßen, so schnell ich fahren konnte. Ich sah ihre Scheinwerfer in meinem Rückspiegel, und sie holten auf. Ich war schweißgebadet.

Zum Glück stammte Ralph aus der Gegend und kannte die Nebenstraßen. Er ließ mich abrupt links abbiegen, und die Jungs vom Klan rasten an uns vorbei. Sie müssen jedoch ziemlich bald wieder umgedreht haben, denn es dauerte nicht lange, da tauchten ihre Scheinwerfer erneut im Rückspiegel auf.

Nach einer halben Ewigkeit sahen wir das örtliche Freedom Center, in dem wir untergebracht waren. Dort waren wir in Sicherheit. Ich drosselte die Geschwindigkeit kaum, als wir in die Einfahrt schossen. Die Klantypen waren uns so dicht auf den Fersen, dass wir hören konnten, was sie uns zuriefen, als sie in der Dunkelheit vorbei rasten. >Geht nach Hause, ihr Negerfreunde. Nächstes Mal kriegen wir euch< – solches Zeug.

Ich erinnere mich, dass ich den Motor nicht ausschalten konnte. Ich war buchstäblich nicht in der Lage, den Zündschlüssel umzudrehen, so sehr zitterte ich. Ich weinte, ich hatte Angst, ich war wütend. Ich rief meine Eltern an und sagte zu ihnen: >Ich glaube nicht mehr an Gewaltlosigkeit.<«

Wer prägte den Begriff »Whistleblower«?

Elf Jahre später leitete Louis Clark eine neugeschaffene Nonprofitorganisation namens Government Accountability Project. Inzwischen hatte er seine Studien am Seminar abgeschlossen und war als Methodistenprediger ordiniert worden. Dabei hatte er auch seinen Glauben an die Gewaltlosigkeit wiedergewonnen. Er hatte ein Jurastudium absolviert und war nach Washington, DC gezogen. Eines Abends auf einer Party hatte ein Freund die Idee einiger Antikriegsmitstreiter erwähnt. Sie seien überzeugt, dass Daniel Ellsberg nicht der einzige Insider sei, der über die Missstände innerhalb des Militärs sprechen könne, und dass sie eine Organisation ins Leben rufen wollten, die solchen Wahrheitsverfechtern helfen könne. Clark hatte sich interessiert gezeigt und angeboten, die ersten zwei Monate gratis für die Organisation zu arbeiten – ein Versprechen mit der ganzen Forschheit eines 30-Jährigen, dass er nur zwei Monate benötigen würde, um sich unentbehrlich zu machen.

Siebenunddreißig Jahre später, im Jahre 2015, war Clark immer noch da. Als GAP-Vorsitzender oblag es ihm, die strategische Richtung der Organisation festzulegen und die Spenden von Stiftungen und Privatpersonen zu verwalten, die etwa 90 Prozent des jährlichen Budgets in Höhe von drei Millionen Dollar ausmachen. »Unsere Theorie gesellschaftlichen Wandels gründet auf Transparenz«, sagte Clark zu mir. »Durch Whistleblower erfährt der Bürger, was Regierungen und Unternehmen tun. Wenn man davon negativ betroffen ist, hat man die Möglichkeit, dagegen vorzugehen. Ich glaube nicht, dass die Menschen solchen Informationen mit Zynismus begegnen. Wenn hundert Menschen sterben, weil sie Erdnussbutterkekse gegessen haben, die nicht sicher produziert wurden, nehmen sie das durchaus ernst.«

Seit seiner Gründung im Jahre 1978 habe das GAP über 7000 Whistleblower aus dem öffentlichen und dem privaten Sektor beraten, sagte Clark. Die Organisation half Whistleblowern, einige der mächtigsten bürokratischen Gebilde (etwa das US-Verteidigungsministerium) und politisch vernetzten Unternehmen (wie Bechtel) der Welt zu besiegen, wenngleich sie auch zusehen musste, wie viele Whistleblower Niederlagen und Bestrafung einstecken mussten. Die Erfolge des GAP gründeten zum Teil auf einer geschickten Zusammenarbeit mit den Nachrichtenmedien; seine Klienten waren in praktisch sämtlichen großen Pressekanälen der Vereinigten Staaten präsent, aber auch bei zahllosen lokalen Anbietern.

Daneben kämpfte das GAP auf dem Capitol Hill und anderswo dafür, insgesamt 32 verschiedene internationale, lokale und Bundesgesetze um einen Schutz von Whistleblowern zu erweitern. In Zusammenarbeit sowohl mit Republikanern als auch Demokraten und mit der konsequenten Unterstützung von Senator Charles Grassley aus Iowa gelang es dem GAP und einer Handvoll verbündeter Gruppen, den Whistleblower Protection Act von 1989 (Gesetz zum Schutz von Whistleblowern), den Sarbanes-Oxley Act von 2002 (Sarbanes-Oxley-Gesetz, eigentlich: Public Company Accounting Reform and Investor Protection Act, Gesetz zur Reform der Unternehmensaufsicht und des Investorenschutzes), den Dodd-Frank Wall Street Reform and Consumer Protection Act von 2010 (Dodd-Frank-Gesetz über eine Reform der Wall Street und Verbraucherschutz) und den Whistleblower Protection Enhancement Act von 2012 (Gesetz zur Erweiterung des Schutzes von Whistleblowern) durchzusetzen.

Wenn es so etwas gab wie das Nervenzentrum des Whistleblower-Stammes, dann war es das GAP. Keine andere Organisation konnte auch nur annähernd so viele Whistleblower zählen, wie über die Jahre durch die Türen des GAP kamen und gingen. Dasselbe gilt für die Errungenschaften und die Einflussnahme zugunsten von Whistleblowern in Gesetzgebung, Politik und Praxis. Andere Organisationen handelten mit derselben Zielsetzung einer »guten Regierung«: Common Cause (gemeinsame Sache), Taxpayers for Common Sense (Steuerzahler für gesunden Menschenverstand) und das Project on Government Oversight (Projekt zur

Regierungsaufsicht), ebenso wie Transparency International auf internationaler Ebene. Doch keine dieser Gruppen vertrat einzelne Whistleblower, wie das GAP es tat. Zwar reichten auch manche Privatunternehmen im Namen von Whistleblowern Klagen ein, doch wurden die Klienten hauptsächlich nach den Kriterien eines möglichen finanziellen Erfolges ausgewählt. Für das GAP stand das öffentliche Interesse im Vordergrund.

»Wir unterstützen nur Whistleblower, die etwas im öffentlichen Interesse enthüllen können, das für die Öffentlichkeit eine relativ hohe Bedeutung hat«, sagte Beatrice Edwards, von 2007 bis 2015 Geschäftsführerin des GAP. »Viele Leute kommen zu uns und sagen, ›Der Typ im Nachbarbüro betreibt im Klo ein kleines Unternehmen‹ oder ›Mein Chef kommt sonntags ins Büro, um von dort aus seine Familie in Indien anzurufen.‹ Mit solcher Kleinkorruption geben wir uns nicht ab.«

Das GAP entstand aus einer Konferenz, die im Jahre 1977 von Leitern des Institute for Policy Studies (IPS, Institut für Politische Studien) organisiert worden war, einer politisch links von der Mitte angesiedelten Forschungsgemeinschaft in Washington. Das 1963 gegründete IPS hatte in der Bürgerrechts- und Antikriegsbewegung eine zentrale Rolle gespielt und sich damit einen Platz auf der »Feindesliste« von Präsident Richard Nixon verdient. Die Gründer Richard Barnet und Marcus Raskin hatten sich aus dem Staatsdienst unter Kennedy zurückgezogen, nachdem sie mit Entsetzen vernommen hatten, wie McGeorge Bundy, ein Topberater des Präsidenten, bei einer Sitzung der Vereinigten Stabschefs verkündet hatte, »Wenn diese Gruppe keine Abrüstung erreicht, dann schafft das niemand.«

Ellsberg zufolge habe das IPS, obwohl kaum bekannt, eine Schlüsselrolle bei der Veröffentlichung der Pentagon-Papiere gespielt. Ellsberg habe erfolglos versucht, ein hohes Kongressmitglied zur Aufnahme der Unterlagen in den Kongressbericht und damit zur Veröffentlichung zu bewegen. »Damals traf ich mich mit Barnet, Raskin und ihren Ehefrauen zum Abendessen«, erzählte mir Ellsberg. »Sie drängten mich, die Pentagon-Papiere der *New York Times* zuzuspielen. Erst Jahre später fand ich heraus, dass sie bereits jemandem bei der *Times* einen entsprechenden Tipp gegeben hatten.«

Das IPS stand auch Ralph Nader nahe, einem Verbraucherschutzanwalt, dessen 1965 erschienenes Buch *Unsafe At Any Speed* auf Aussagen von Unternehmenstechnikern basierte. Diese legten offen, wie Chevrolet für sein Modell Corvair bewusst eine unsichere Konstruktionsweise gewählt hatte. Das Buch wurde sofort zum Bestseller und machte Nader zum bekanntesten »öffentlichen Bürger« des Landes. Im Januar 1971, fünf Monate vor der Veröffentlichung der Pentagon-Papiere durch Ellsberg, organisierte Nader eine Konferenz, um auf die Rolle und die Wirkung wahrheitstreuer Insider wie der in *Unsafe At Any Speed* zitierten Personen hinzuweisen.

Offensichtlich war es Nader, der bei dieser »Konferenz über berufliche Verantwortung« als Erster den Begriff »Whistleblower« gebrauchte.[23] In der Vergangenheit sei das Wort mit dem Makel der Untreue behaftet gewesen, betonte Nader in einer Rede auf der Konferenz. Die Amerikaner neigten dazu, einen Whistleblower seinem Arbeitgeber gegenüber als »Nestbeschmutzer«, »Informant«, »Petzer« oder »Verräter« zu betrachten. Whistleblower verdienten jedoch die Anerkennung und die Dankbarkeit der Öffentlichkeit, da sie häufig die Ersten seien, die von Problemen wie unsicheren

Automobilkonstruktionen erführen, durch welche die gesamte Öffentlichkeit gefährdet werden könne.

Die 1977 vom IPS organisierte Konferenz zielte darauf ab, Naders strategische Erkenntnisse zu einer operationellen Realität zu machen. Ellsberg blieb dabei eine wichtige Figur. »Ich weiß nicht, ob es ohne Ellsberg ein GAP gegeben hätte«, sagte Clark. »Seine Erfahrungen mit dem IPS waren außerordentlich wertvoll bei der Gründung des GAP. Das IPS erkannte den Wert von jemandem wie Ellsberg, der die Lügen aufdeckte, mit denen dieser Krieg begründet wurde.«

In seinen Anfangstagen habe das GAP mehr einer Agentur für Öffentlichkeitsarbeit als einer rechtlichen Organisation geähnelt, erinnerte sich Clark, und zwar genau wegen des von Nader angeführten Problems – eines Problems, das die Whistleblower-Gemeinde seit jeher belastet: Ist »Whistleblower« tatsächlich die beste Bezeichnung für solche Personen? Bis heute haben sich etliche Mitglieder des Whistleblower-Stammes gegen den Begriff verwandt. Snowden sagte, er »ver-ändere« Menschen, die über mutmaßliche Missstände sprächen, wo solche Offenheit doch eigentlich von jedermann zu erwarten sei. Jeffrey Wigand, ehemaliger Leiter der Forschungsabteilung beim Tabakriesen Brown & Williamson, bevorzugte den Begriff »gewissenhafte Person«. In den GAP-Gründerjahren »waren wir sehr darum bemüht, das negative öffentliche Image des Whistleblowings zu verändern«, erinnerte sich Clark. »Damals waren viele unserer Infomaterialien voller blau-weiß-roter Flaggen.«

»Wissen in Macht umwandeln«

Mit dem Eintreffen von Tom Devine im Jahre 1978 begann sich beim GAP eine Belegschaft von Juristen zu bilden. Devine, ein frühbegabter Student der Antioch Law School, war Mitverfasser eines Buches über den heimlichen Versuch Präsident Richard Nixons, den unparteiischen öffentlichen Dienst der Regierung durch ein politisches Einstellungsverfahren zu ersetzen, durch welches Freunde belohnt und Feinde bestraft werden könnten. Devine überzeugte Clark, an der Antioch Law School eine Beratungsstelle des GAP einzurichten. Dort sollten Studenten Informationen über Vertretung und Schutz von Whistleblowern erhalten und so bei geringen Kosten zu einem juristischen Nachwuchs für das GAP ausgebildet werden. Devine leitete die Beratungsstelle die ersten zehn Jahre lang, und sie wurde zur wichtigsten Kompetenzquelle einer Organisation, die mit einem chronischen Geldmangel zu kämpfen hatte.

Auch Devine war 37 Jahre später immer noch beim GAP. Als juristischer Leiter war er der belebende Geist der Organisation, jemand, den zahlreiche seiner Gegner unterschätzt hatten. Selbst mit Anfang sechzig bewahrte er sich eine kindliche Unbeschwertheit, eine Mischung aus Flower-Power-Optimismus und alberner Freundlichkeit. Er war von kleinem Wuchs und baute gerne erfundene Namen in Fragen ein, damit diese sich reimten, etwa »Was geht, Fred?« oder »Wie sieht's aus, Klaus?« In einer Stadt, in der eine fast totalitäre Modekonformität herrscht, trug er den obligatorischen Schlips und Kragen des Rechtsanwaltes nur, wenn er vor Gericht oder bei einer Kongressversammlung erschien. Ansonsten waren es Jeans, Batik-T-Shirt und ausgelatschte Wallabees.

Wenn er im Winter die K Street entlangtrottete, hätte man ihn für einen Obdachlosen halten können. Die Taschen seines Armeeparkas hingen hinab vom Gewicht eines Mischmaschs aus Notizblöcken, Zeitungen, einem Tonbandgerät und Resten seines Mittagessens. Über der Schulter trug er einen zentnerschweren Tagesrucksack voller juristischer Unterlagen, die er mit nach Hause nahm, um sie dort zu bearbeiten oder im Falle eines spätabendlichen Anrufes zur Hand zu haben.

Hinter dem ungepflegten Äußeren verbarg sich ein rasiermesserscharfer Verstand und ein unermüdliches Arbeitsethos. Devine war ein typisch amerikanischer College-Disputant und schloss in Georgetown als Phi Beta Kappa *cum laude* ab. Er konnte eine 80-seitige Argumentation für einen Richter verfassen, dasselbe aber auch zu einem achtsekündigen Statement für einen Journalisten eindampfen. Im Herzen Anarchist, liebte er es, gegen »das Machtgefüge« zu kämpfen, wie er sich ausdrückte. Beim GAP half er, ein Aktivismusmodell zu entwickeln, das sich verschiedene Formen öffentlicher Unterstützung sicherte, um Whistleblowern eine Kampfchance in Arenen zu verschaffen, die, wie Devine sagte, zu ihren Ungunsten manipuliert waren.

»Eine Person gegen ein Unternehmen ist kein fairer Kampf«, schrieb er in seinem Buch *The Corporate Whistleblower's Survival Guide* und fuhr fort: »Um es klar zu sagen: Die Umstände sind gegen Sie, ganz gleich, wie belastbar Ihre Beweise sind, oder wie scharfsinnig Ihre Strategie ist.« Um Waffengleichheit zu erreichen, beteiligte das GAP die Allgemeinheit an diesem Kampf: »Der Schlüssel dazu, die Wahrheit zu sagen und damit davonzukommen, ist ein strategisches, auf öffentlicher Solidarität gründendes rechtliches Vorgehen, durch welches Wissen in Macht umgewandelt wird.«

Die Öffentlichkeit mit ins Boot zu holen, um den Whistle-blowern dabei zu helfen, »Wissen in Macht umzuwandeln«, bedeutete unter anderem, in drei sich gegenseitig verstärken-den Bereichen Druck auszuüben: in der Rechtsprechung, wo die GAP-Anwälte in unzähligen Klageverfahren auftraten; in der Politik, wo das GAP Einheimische informierte und mo-bilisierte, die von den enthüllten Tatsachen möglicherweise betroffen waren; und schließlich in den Medien, da die Be-richterstattung der Nachrichtenorganisationen über die Vor-würfe eines Whistleblowers oft von entscheidender Bedeu-tung war – sowohl bei der Information der Öffentlichkeit als auch bei der Umstimmung von Regierung und Chefetagen.[24]

Für eine von Rechtsanwälten geführte Organisation inves-tierte das GAP relativ wenig Vertrauen oder Mittel in die ju-ristischen Vorgänge *per se*. Als Devine sagte, das GAP verfol-ge den Ansatz eines »strategischen rechtlichen Vorgehens«, meinte er damit »eine ganzheitliche Interessenvertretung, die einer politischen Kampagne ähnelt«. Das Problem da-mit, wenn man sich auf Prozesse verlasse, sei, so fügte er hin-zu, dass »Streitsachen vor Gericht kommen, welches die Do-mäne des Status quo und des gesamten Machtgefüges ist. Das ganze Prinzip des Gerichts ist, möglichst keine Präzedenzfäl-le zu schaffen und alles so zu machen, wie man es immer ge-macht hat. Whistleblower sind Menschen, die den Status quo in Frage stellen. Aufgabe des Gerichts ist es, den Status quo zu bewahren.«

Nach der GAP-eigenen Theorie des gesellschaftlichen Wandels gefragt, entgegnete Bea Edwards: »Wir beobachten Institutionen, die sich rhetorisch so darstellen, als wären sie im öffentlichen Interesse tätig, tatsächlich aber oft ganz spezi-fische Interessen vertreten. Um zu enthüllen, *wie* sie zugunsten dieser Sonderinteressen handeln, bedarf es jedoch eines Whistleblowers innerhalb solcher Organisationen. Oft sind diese Organisationen abhängig von öffentlicher Zustimmung. Kann man zeigen, *auf welche Weise* sie die Öffentlichkeit nicht vertreten, verlieren sie möglicherweise ihre öffentliche Unterstützung, und das ebnet den Weg für einen gesellschaftlichen Wandel.«

»Wir enthüllen die Geheimnisse, die nach dem Willen der Regierung niemand kennen soll«, sagte Devine. »Und wir versuchen, auch dafür zu sorgen, dass sie jedem, der über sie Bescheid wissen sollte, ins Bewusstsein gerufen werden – von Arbeitern vor Ort über Bürgergruppen und Politiker bis hin zu den Medien. Der Whistleblower ist der erste Stein in einem Erdrutsch öffentlicher Empörung, den wir gegen das Unvertretbare loszutreten versuchen.«

War es denn ein Wunder, dass Edward Snowden schließlich seinen Weg zu dieser Organisation fand?

Ein Backstage Pass

An dieser Stelle sollte der Autor vielleicht sein persönliches Interesse an der Geschichte erklären. Als das GAP 1977 gegründet wurde, war ich ein unbezahlter College-Praktikant am Institute for Policy Studies. An der Konferenz, aus welcher das GAP entstand, nahm ich zwar nicht teil, aber ich lernte Clark und Devine als Kollegen kennen, als ich später zur IPS-Belegschaft stieß. Im Jahre 1978 begann ich mit der Arbeit zu meinem ersten Buch und verbrachte nicht viel Zeit im Büro, weil ich lieber zu Hause schrieb. Wenn ich doch einmal im IPS vorbeischaute, begegnete ich dort manchmal Louie oder Tom und erfuhr von ihren jüngsten Heldentaten. Über die Jahre blieben wir in Kontakt. Gelegentlich arbeitete ich mit dem GAP bei journalistischen Projekten zusammen, etwa bei Artikeln über nukleare Waffen und Luftfahrtsicherheit, das BP-Ölleck und andere Skandale, die auf Informationen von Whistleblowern basierten und in *Vanity Fair*, der *Nation*, *Newsweek*, und vergleichbaren Blättern weltweit veröffentlicht wurden.

Daher kann ich nicht für mich in Anspruch nehmen, hinsichtlich des GAP oder Clark und Devine vollkommen unvoreingenommen zu sein. Andererseits glaube ich sowieso schon seit langem, dass journalistische Objektivität ein Mythos ist – ein ziemlich edler Begriff für einen Journalismus, der die gängige Meinung, wie sie von Regierungsbehörden und anderen Vertretern des Status quo verbreitet wird, noch einmal wiederkäut. Wie jeder Journalist weiß, beinhaltet jeder Schritt im journalistischen Prozess subjektive Entscheidungen, von der Themenwahl über die Auswahl der Fakten und Zitate in einer Story zu deren jeweiliger Gewichtung und so weiter. Subjektivität ist unvermeidbar, doch bietet dies keine Entschuldigung für unfaire Berichterstattung. Der Journalist hat die heilige Pflicht, sämtliche Gesichtspunkte nicht nur zu beleuchten, sondern ihnen auch gerecht zu werden – meiner Meinung nach sogar insbesondere jenen, mit denen er oder sie nicht einverstanden ist. Guter Journalismus zwingt dem Leser nicht die Meinung des Verfassers auf. Vielmehr liefert er die Informationen und Ansichten, die der Leser benötigt, um sich selbst ein Bild zu machen.

Ich persönlich glaube, dass mich diese Richtlinien gelegentlich dazu brachten, mit dem GAP uneins zu sein, wenn es um den Nachrichtenwert des einen oder anderen Missstandes ging. Kein investigativer Journalist, der auf sich hält, verlässt sich allein auf seine Quellen; wir berichten die Geschichte neu, damit wir unabhängig die Fakten überprüfen und ermitteln können, wo die Wahrheit liegt. Dieser Prozess führte dazu, dass ich einmal eine vielversprechende Geschichte verwarf, die mir ein GAP-Klient angeboten hatte: Eine genaue Durchsicht der relevanten Dokumente konnte die Mutmaßungen des Möchtegern-Whistleblowers über finanzielle Dienstvergehen eines hohen Regierungsvertreters nicht untermauern.

So ist das also. Nun können Sie selbst beurteilen, welche Art von Ratgeber ich in diesem Buch bin. Was mich betrifft, so gelobe ich, die Geschichte so fair und akkurat zu erzählen, wie ich kann – »ohne Furcht und Wohlwollen«, um ein exemplarisches journalistisches Motto zu zitieren, das in der Rhetorik weitaus häufiger Anwendung findet als in der Realität. Da ich das GAP schon lange begleite, mag meine Perspektive ein wenig eingeengt sein, aber ich vertraue darauf, dass diese Vertrautheit auch ihre Vorteile hat. Schließlich hatte ich zum Zeitpunkt der Gründung so etwas wie einen Backstage Pass zum faktischen Nervenzentrum des Whistleblower-Stammes, jenem Ort, wo Theorie und Praxis der Wahrheitstreue energischer und erfolgreicher verfolgt werden als irgendwo sonst.

»Gebt mir nur noch zehn Minuten!«

Zu meiner ersten ernsthaften Zusammenarbeit mit dem GAP führte die Atomkraft, weil sich mein erstes Buch um die Atomindustrie drehte. Im Jahre 1979 war die Atomkraftdiskussion in den USA eine heiße Schlacht, und das GAP mischte mittendrin mit.

Mein Buch *Nuclear Inc.: The Men and Money Behind Nuclear Energy* (Die Nuklear-GmbH: Die Menschen und das Geld hinter der Atomenergie) basierte auf -zig Interviews mit Topmanagern von General Electric, Westinghouse und anderen führenden Unternehmen der Branche. Ich war gerade 22 Jahre alt und sah noch jünger aus, also redeten die Manager recht offen mit mir, weil sie mich wie einen Freund oder eines ihrer Kinder behandelten. Zum Beispiel fragte ich John West, den stellvertretenden Vorsitzenden des Reaktorherstellers Combustion Engineering, ob die mangelnden Lösungen für die Endlagerung nuklearen Abfalls ein Problem für die Industrie darstellten. West antwortete, das eigentliche Problem sei nicht, dass es keine Lösung gebe, sondern, dass es zu viele gute Lösungen gebe und die Regierung sich, wie üblich, nicht zu einer Entscheidung durchringen könne. »Ich habe eine vulgäre Analogie«, verriet der teiggesichtige Manager. »Es ist ungefähr so, als hätte man eine Blondine, eine Brünette und einen Rotschopf, richtig zauberhafte Mädchen, die zu allem bereit sind, und man kann sich nicht entscheiden, mit welcher man ins Bett gehen will. Sie sind alle gut.«

An jenem Morgen, an dem es im Kraftwerk Three Mile Island zum schlimmsten nuklearen Zwischenfall in der Geschichte der USA kam, interviewte ich einen Vizepräsidenten von Westinghouse. Die Reaktorschmelze war damals Anlass genug dafür, dass ein Mitglied der föderalen Nuclear Regulatory Commission, der US-Nuklearbehörde, die Evakuierung der umliegenden Gebiete in Pennsylvania forderte. Ich nahm an, unser Interview würde angesichts der aktuellen Ereignisse vertagt, aber nein. Im Gespräch mit Leo Yochum erwähnte ich, dass viele Beobachter glaubten, die Atomkraft hätte in den Vereinigten Staaten keine Zukunft mehr, insbesondere, da der

Zwischenfall auf Three Mile Island nun die Sicherheitsbedenken verstärkt habe. »Ich verstehe dieses ganze Gerede nicht, dass die Atomkraft keine Zukunft mehr haben soll«, erwiderte Yochum, und ein wenig Zorn schwang in seiner Stimme mit. »In diesem Land gibt es einen nuklearen Imperativ. Wir wissen es, die Wall Street weiß es, und wir sind bereit, uns danach zu richten.«

Durch Interviews wie diese gelangte ich zu der Überzeugung, dass mich nichts, was die Industrie sagen oder tun könnte, noch überraschen würde. Die Ermittlungen des GAP zeigten mir jedoch, dass ich unrecht hatte. Unsägliche Rhetorik ist eine Sache, aber das GAP deckte ein kriminelles Verhalten auf, das Millionen von Menschenleben gefährdete.

Im Mai 1980 wandte sich ein Privatermittler namens Tom Applegate mit einer explosiven Information an das GAP. Es ging um das Atomkraftwerk Zimmer, eine riesige, im Bau befindliche Anlage in der Nähe von Cincinnati.²⁵ Der lokale Energieanbieter Cincinnati Gas & Electric Company hatte Applegate beauftragt, die Arbeiter des Unternehmens auszuspionieren, weil man diese verdächtigte, mit ihren Zeitkontrollkarten zu betrügen. Applegate mischte sich unter die Arbeiter und stellte fest, dass manche tatsächlich zu viele Arbeitsstunden angaben. Daneben entdeckte er aber etwas wirklich Gravierendes: Einige kritische Sicherheitsschweißnähte waren unzureichend ausgeführt und aufgebrochen. Dies meldete er einem Vizepräsidenten von CG&E. Obendrein sah es aus, als hätte man das Ganze vertuschen wollen: Röntgenaufnahmen der fehlerhaften Schweißnähte waren gefälscht worden, um diese mangelfrei erscheinen zu lassen.

»Also ging Applegate wieder zu dem (Vizepräsidenten von CG&E) und teilte ihm diese Erkenntnisse mit«, erinnert sich Devine. »Er wusste jedoch nicht, dass der Kerl, dem er Bericht erstattete, als Drahtzieher hinter der ganzen Angelegenheit steckte. Der Chef versuchte, die Baukosten gering zu halten und Zimmer zum billigsten Atomkraftwerk der Geschichte zu machen. Der Vize sagte zu Applegate, er sei entlassen und solle tunlichst seinen Mund halten. Seine genauen Worte waren: ›Sie sind nur eine Maus, wir sind ein Elefant. Wir werden Sie zertreten.‹«

Als ersten Schritt in seinen Ermittlungen suchte Devine den Chefschweißer des Zimmer-Kraftwerks auf. »Er sagte, er würde Tom Applegate zwar am liebsten umbringen, weil er ihn wegen der Zeitkontrollkarten verpfiffen habe, aber hinsichtlich der gerissenen und unsicheren Schweißnähte habe er recht.« Als die Nachricht von Devines Ermittlungen die Runde machte, und er das Vertrauen von einem Arbeiter nach dem anderen gewann, rückten weitere Insider mit Informationen heraus. Schließlich trug das GAP beeidigte Aussagen von 50 Whistleblowern zusammen, die Fragen über die Sicherheitsvorgänge im Kraftwerk Zimmer aufwarfen. Die schiere Anzahl dieser Aussagen stellte CG&E und die anderen am Bau beteiligten Firmen vor ein Glaubwürdigkeitsproblem. »Sie können vielleicht sagen, die erste Person lügt, vielleicht sogar noch die vierte oder fünfte«, sagt Devine. »Doch wenn sie irgendwann sagen, dass die fünfzigste Person lügt, weiß jeder, dass etwas faul ist.«

Die wachsende Zeugenliste verschaffte Devine zudem etwas, wovon jeder Ermittler träumt: einen Fundus offizieller Dokumente, die beweisen, dass eine mutmaßliche Fehlhandlung tatsächlich stattgefunden hat. Wie eine Hälfte eines alten Ehepaares brach Clark in schallendes Gelächter aus, als er sich an Devines Zielstrebigkeit und Begeisterung erinnerte.

»Einmal flog Tom nach Cincinnati, wo man ihm vier Kartons mit unternehmensinternen Dokumenten übergab – die Originaldokumente, keine Kopien«, begann Clark. »Darunter waren 76 Briefe zwischen Kaiser Engineering (einer der am Bau des Kraftwerks beteiligten Firmen) und CG&E. Kaiser beschwerte sich wiederholt darüber, dass CG&E nicht genügend Geld für die Qualitätssicherung zur Verfügung stelle: Sie hatten nur vier Prüfer, wo es doch normalerweise an die 200 hätten sein müssen.

Tom ist so aufgeregt, dass er diese Unterlagen bekommen hat, dass er auf der Fahrt zurück zum Flughafen nicht aufpasst und wegen Geschwindigkeitsübertretung von der Polizei angehalten wird«, fährt Clark fort. »Er hat kein Geld für eine Kaution, also werfen die Bullen ihn ins Gefängnis. Irgendwie überredet er sie dazu, dass er seine Dokumente mit in die Zelle nehmen darf, während er darauf wartet, dass jemand die Kaution für ihn stellt. Ein paar Stunden später habe ich das Geld transferiert, und ein Kollege will ihn gegen Kaution auslösen. Aber Tom will nicht gehen – er ist zu sehr mit seinen Unterlagen beschäftigt! Als die Bullen in seine Zelle kommen, ruft er ihnen zu: ›Zehn Minuten. Gebt mir nur noch zehn Minuten!‹«

Der Dokumentenfang ebnete den Weg für eine Guerillataktik, auf die das GAP seitdem in zahllosen weiteren Fällen vertraut hat – eine Taktik, die auch Edward Snowden anwandte. »CG&E wusste nicht, dass wir die Dokumente hatten«, erinnerte sich Clark. »Als wir begannen, öffentlich über mutmaßliche Sicherheitsmängel und Vertuschungen im Kraftwerk Zimmer zu sprechen, warf uns das Unternehmen vor, unverantwortliche Anschuldigungen vorzubringen, die wir nicht beweisen könnten. Wir lockten sie direkt in die Falle. Sie dachten, sie hätten die Beweise vernichtet. Doch wir eröffneten vor Gericht, dass wir Dokumente erhalten hatten, deren Existenz CG&E abgestritten hatte. Somit stand das Unternehmen als Lügner da. Ich stellte fest, dass Snowden etwas Ähnliches tat. Man veröffentlicht etwas brisantes Material, dann wartet man darauf, dass sich die Regierung herauszureden versucht. Dann veröffentlicht man weiteres Material, das zeigt, dass die Regierung abermals gelogen hat.«

»Man hat uns vorgeworfen, eine Überfalltaktik betrieben zu haben, wozu ich mich stolz als schuldig bekenne«, sagte Devine. »Wenn wir gegen einen Konzern mit unbegrenzten Mitteln kämpften und das Ganze einfach untereinander ausfechten wollten, hätte der Tag nicht genügend Stunden, um auf sämtliche Anträge zu reagieren, die eingereicht würden. Also versuchen wir, eine Situation (zu schaffen), in der sie weiterhin auf uns reagieren müssen, wo sie nicht wissen, was wir als nächstes tun werden. Wir eröffnen immer neue Fronten, auf die sie Ressourcen verwenden müssen. Gegen Ende des Falles Zimmer gab es ein frustriertes Statement seitens der Nuclear Regulatory Commission, in dem es hieß, das GAP komme schneller mit neuen Mutmaßungen daher, als man die alten aus der Welt schaffen könne ... Das ist die Strategie des Guerillakriegs: Reagiere nicht auf das Machtgefüge, sondern lasse es auf dich reagieren.«

Gegen Ende der Zimmer-Schlacht hatten das GAP und seine Mitstreiter nicht nur den Baustopp eines unsicheren, bereits zu 97 Prozent fertiggestellten Atomkraftwerkes erreicht – etwas, das es noch nie zuvor gegeben hatte –, sondern auch einen Modus Operandi für die kommenden Jahre gefunden. Kurz: Man höre sich an, was ein potentieller Whistleblower zu sagen hat; man ermittle die Mutmaßungen mit aller gebotenen Sorgfalt (»Wir sind eine kleine Nichtregierungsorganisation gegen reiche und mächtige Konzerne«, sagte Clark. »Wir können es uns also nicht leisten, unrecht zu haben.«); man kläre den potentiellen Whistleblower über die möglichen Folgen einer Wahrheitsäußerung auf, etwa den Verlust der Arbeit, Angriffe in den Medien und andere Formen der Vergeltung. Wenn der Whistleblower dann immer noch bereit ist, suche man Journalisten, die möglicherweise über das Thema berichten wollen. Zu mehreren ist man sicherer, daher gilt es, einschlägige Aktivisten, Bürgerrechtsgruppen und andere mögliche Unterstützer über die Enthüllungen des Whistleblowers in Kenntnis zu setzen. Dann kann man auf den Startknopf drücken.

Ein beinahe fertiggestelltes Multimilliarden-Dollar-Projekt zu kippen, ist etwas, das die Aufmerksamkeit des Topmanagements auf sich lenkt. Insbesondere, wenn es zweimal passiert.

Zur selben Zeit, als das GAP gegen das Kraftwerk Zimmer vorging, geriet es in eine Kontroverse um die Aufräumarbeiten nach dem Zwischenfall auf Three Mile Island. In beiden Fällen hatte es das GAP mit dem Konzern Bechtel zu tun, eines der verschwiegensten, am besten vernetzten Unternehmen der Welt. Es war in den achtziger Jahren, als in Präsident Ronald Reagans Regierung zwei ehemalige ranghohe Bechtel-Manager saßen: Außenminister George Schultz und Verteidigungsminister Caspar Weinberger. Das GAP setzte dem Unternehmensgiganten zweimal hintereinander zu: Das *Wall Street Journal* schätzte, dass die GAP-Aktivitäten Bechtel Kosten in Höhe von rund zehn Milliarden Dollar durch Bauverzögerungen, Strafzahlungen und entgangene Gewinne verursachten.

Ein auf Three Mile Island beschäftigter Ingenieur namens Rick Parks warnte das GAP, dass er, in Devines Worten, »eine totale Kernschmelze befürchte, weil der (sogenannte) Cleanup nicht vorschriftsgemäß und äußerst schlampig durchgeführt werde. Der Gipfel sei der Versuch von Bechtel, einen 170 Tonnen schweren Reaktorbehälter, in dem sich noch schwelende radioaktive Abfälle von dem Unfall befanden, mit einem Lastenkran zu heben. Vier Tage, bevor die Hebung erfolgen sollte, kam Rick zu uns und sagte, der Kran werde versagen, weil sein elektrisches System bei dem Unfall beschädigt worden sei, doch Bechtel sei nicht bereit, die Zeit zu investieren, um die Funktionstüchtigkeit des Kranes zu überprüfen. Von den nächsten 48 Stunden arbeiteten Rick und ich 40, dann hatten wir eine 53-seitige eidesstattliche Erklärung verfasst, mit der wir zum Kongress gingen. Schließlich forderte das NRC Bechtel auf, mit dem Cleanup von vorn zu beginnen und in diesem Zuge auch Belastungsproben mit dem Kran durchzuführen. Die öffentliche Hand werde für diese zweite Arbeitsphase nicht aufkommen. Der Kran bestand mehrere Belastungsproben nicht, und selbst, als er das Gewicht schließlich tragen konnte, blieb er einige Male in der Luft stehen. Ich glaube, ohne das GAP wäre möglicherweise ein ungeheuer weitreichender Schaden entstanden.«

Der Erfolg des GAP bei solchen David-gegen-Goliath-Kämpfen hatte seinen Preis. Das Aufsichtsgremium des Institute for Policy Studies wurde davon in Kenntnis gesetzt, dass Unternehmen wie Bechtel sich am GAP rächen könnten, indem sie dessen Mutterorganisation, das IPS, verklagten. Die Mittel des IPS könnten für die Dauer eines solchen Verfahrens eingefroren werden, was praktisch einer jahrelangen Schließung der Organisation gleichkäme. Das IPS-Aufsichtsgremium beschloss daher, das GAP auszugliedern, bevor sich ein derartiges Szenario bewahrheiten könnte. »Wir wurden sozusagen rausgeschmissen«, erinnerte sich Clark.

Hühner in »Fäkalsuppe« gebadet

Das Government Accountability Project und ich trennten uns im selben Jahr vom IPS – 1984. Ich schrieb zunächst ein Buch über die Presse und die Reagan-Präsidentschaft, *On Bended Knee*; das GAP etablierte sich als unabhängige Nonprofitorganisation. Die erzwungene Abspaltung sei in mancherlei Hinsicht schwierig für das GAP gewesen, erinnerte sich Clark, doch habe es auch seine Vorteile gehabt. Unabhängig vom IPS und dessen linkem Selbstverständnis stand dem GAP nun eine größere Bandbreite an Partnern für seine philanthropische und politische Arbeit offen – insbesondere republikanische Abgeordnete wie Senator Grassley. Durch seine konservativ-misstrauische Einstellung zu Regierungsausgaben war Grassley zwar bereit, Whistleblower zu unterstützen, die »Verschwendung, Betrug und Missbrauch« bei Regierungsprogrammen ans Tageslicht brachten, die Kritik an US-Imperialismus und Konzernkapitalismus seitens des IPS betrachtete er jedoch mit Argwohn.

Das GAP war während der Achtziger weiterhin im Bereich der Atomkraft aktiv, aber es befasste sich auch erfolgreich mit anderen Themen. So deckte es etwa eine Budgetüberschreitung des Pentagons in Milliardenhöhe und die illegale Abholzung staatseigener Wälder auf. In jenen Jahren sah ich Devine und Clark nur sehr selten, aber wenn es einmal der Fall war, brachten sie mich über ihre Kämpfe auf den neuesten

Stand. Der für mich unappetitlichste Fall von allen betraf die US-amerikanische Geflügelindustrie und die erschreckenden Bedingungen, denen die Hühner auf ihrem Weg in amerikanische Küchen ausgesetzt waren.

Das GAP vertrat Whistleblower im US-Landwirtschaftsministerium (US Department of Agriculture, USDA), die diesem vorwarfen, es dulde auf Druck der Geflügelindustrie widerliche Praktiken in den Schlachthöfen. Die Hühner wurden zunächst getötet, dann durchliefen sie ein Fließband, an dem Arbeiter und Maschinen die toten Tiere rupften, wuschen und auf andere Weise zu jenen in Plastik verschweißten Produkten machten, die schließlich in den Lebensmittelläden feilgeboten wurden. Unterwegs jedoch, so sagten die Whistleblower, schwämmen die Vögel in einer Abwasserbrühe, die – aufgrund der von ihren leblosen Körpern entfernten Blut- und Fäkalienreste – so sehr stank, dass manche Kontrolleure sie als »Fäkalsuppe« bezeichneten. Die Industrie beharrte ihrerseits darauf, die Prozedur sei ungefährlich, und die Inspektoren seien übereifrige Wichtigtuer, die das Ganze aufbliesen.

Da ich keine Lust hatte, mich wochenlang mit Fäkalsuppe zu befassen, war ich nicht einmal versucht, über diese Geschichte zu schreiben. Ich horchte jedoch auf, als sie in *60 Minutes* lief. In jenen Tagen vor dem Kabelfernsehen war *60 Minutes* die einflussreichste Nachrichtensendung der Vereinigten Staaten. In einer einzigen Sendefolge konnte sie einen zum Star machen oder einem das Leben ruinieren. In der Sendung vom 29. März 1989 berichtete die Moderatorin Diane Sawyer folgendes:

»*Wenn Sie morgen früh ein Hähnchen im Supermarkt kaufen, sind die Chancen höher als ein Drittel, dass das Huhn, das sie sich aussuchen, mit Bakterien namens Salmonellen behaftet ist, die in diesem Jahr Hunderte von Menschen töten und weitere Tausende krank machen werden ... Und was tut das USDA dagegen? Nun, um das herauszufinden, suchten wir einige Mitarbeiter des USDA auf. Diese sagten uns, dass manche Hühnerproduzenten regelmäßig gegen Gesundheitsvorschriften verstießen, und das USDA einfach wegschaue.«*

Der Whistleblower, der den Anstoß für die Ermittlungen des GAP gab, war Dr. Carl Telleen, seit 1960 Mitarbeiter des USDA.[26] Nachdem das Ministerium die Vorschriften für die Geflügelverarbeitung 1978 gelockert hatte, war Telleen zunehmend besorgt wegen einer möglichen Ausbreitung von Salmonellen. Die Industrie hatte um die Genehmigung ersucht, neue Technologien zum Ausnehmen der Tiere anwenden zu dürfen, obwohl die noch mit Fäkalien verunreinigten toten Tiere dabei lediglich in Chlorwasser getaucht und nicht ordentlich gesäubert wurden. Da sich Telleen nachdrücklich gegen diese Praxis aussprach, versetzten ihn seine Chefs von Kansas nach Washington, DC. Der 65-jährige Telleen sah darin den verschleierten Versuch, ihn zur Beendigung seines Berufslebens zu bewegen. Stattdessen nutzte er seinen neuen Posten in der Hauptstadt dazu, à la Paul Revere solange immer wieder vor der Salmonellengefahr zu warnen, bis das USDA seinen Kurs änderte.

Das GAP und Telleens Enthüllungen – und natürlich die mediale Aufmerksamkeit durch *60 Minutes* – führten sowohl zu einer Änderung des Konsumverhaltens bei Einkauf und Zubereitung von Geflügel, als auch zu substantiellen Reformen der Industriepraxis und deren Regulierung durch die Verwaltung. Wie immer arbeitete das GAP im Rahmen seines

»strategischen rechtlichen Vorgehens« mit öffentlichen Interessengruppen und verschiedenen Medien zusammen. Durch die Reaktion von Mitarbeitern sowohl der Geflügelindustrie als auch des USDA gelangte das GAP zu einer weiteren Erkenntnis über seinen Aktivismus: Je mehr Whistleblower es veröffentlichte, desto mehr Whistleblower meldeten sich. Dieser Kreislauf der Tugend führte schließlich dazu, dass das GAP an die 600 Whistleblower aus dem Geflügelbereich vertrat, genug, um eine beachtliche öffentliche Wirkung zu erzielen.

»Es gelang uns, dass mehreren hochrangigen, korrupten USDA-Mitarbeitern gekündigt wurde«, erinnerte sich Devine später. »Das führte zu einer weiteren Welle von Whistleblowern. Einige weitere Fabriken an der Westküste wurden geschlossen, weil es dort so dreckig war. Das wiederum führte zu mehr Whistleblowern im Mittleren Westen, die in den Handelsblättern über uns gelesen hatten. Dann hatten wir im Frühjahr 1987 einen Beitrag in *60 Minutes* und wiederholten das im Sommer noch einmal. Das wiederum hatte eine Verdopplung der Aussagen von Kontrolleuren und Arbeitern zur Folge ... Diese Leute sind bereit, Risiken auf sich zu nehmen, sich vorzuwagen, damit dieses Problem gelöst wird.«

Amerikas Hofberichterstatter

Jahre später arbeitete ich bei einem der größten journalistischen Knüller meiner Karriere mit dem GAP zusammen.[27] Wie Snowdens und Drakes spätere Enthüllungen ging es auch dabei um die Tragödie des 11. September 2001 – insbesondere um die mangelnde Vorbereitung der US-Regierung auf Terroranschläge. Durch den Knüller stieß ich außerdem auf etwas, das ich bald als Muster erkannte: Die meisten Whistleblower versuchen zunächst, ihre Besorgnis über offizielle Kanäle zu äußern; sie treten erst an die Öffentlichkeit, wenn das System nicht reagiert, und dann haben sie die Vergeltung des Systems in voller Härte zu befürchten. »Whistleblower sind nicht von Haus aus Dissidenten«, sagt Devine. »In der Regel sind es Menschen, die besonders stark an die Institution glauben, für die sie arbeiten. Deswegen äußern sie sich auch – um der Institution zu helfen, ihrer Mission gerecht zu werden. Erst durch die Indifferenz und Ablehnung seitens des Managements werden Whistleblower zu Dissidenten.«

Mein Knüller erschien in *Vanity Fair*, zum Teil, weil einige der Geschichten, die ich von den GAP-Whistleblowern erfuhr, nicht nur erschreckend, sondern mit einem unleugbar schwarzen Humor befrachtet waren.

Sechs Jahre vor den Anschlägen des 11. September 2001 hatte die Federal Aviation Administration (Bundesluftfahrtbehörde, FAA), damit begonnen, falsche Terroristen einzusetzen, um die Sicherheit der US-Flughäfen zu überprüfen. Die sogenannten »roten Teams« versuchten, bei regulären Flügen Bomben und Waffen in die Maschine zu schmuggeln. Nach Angaben von Bogdan Dzakovic, der von 1995 bis 2001 Sicherheitsexperte des FAA Red-Teams war, gelang den falschen Terroristen dies in acht von zehn Fällen. Mit die schlimmsten Sicherheitslücken gab es am Ronald Reagan National Airport in Washington, DC, einem Flughafen, der häufig von Kongressmitgliedern und anderen hohen Regierungsvertretern genutzt wurde; bei den Überprüfungen im Jahre 1998 wurden die Sicherheitsvorkehrungen am Reagan National in 85 Prozent aller Fälle umgangen.

Einmal, so erinnerte sich Dzakovic, hätten er und seine Kollegen »beschlossen, uns durch eine alarmgesicherte Tür zu quetschen und dann darauf zu warten, dass man uns schnappte, um zu sehen, wie das Sicherheitssystem reagieren würde«. Die Agenten des Red-Teams bezogen ihre Positionen, Dzakovic öffnete gewaltsam die Tür, und der Alarm wurde ausgelöst. Dreißig Sekunden vergingen, dann eine volle Minute. Kein Sicherheitspersonal war zu sehen. Der Alarm schrillte weiter, während die Passagiere vorübergingen. Nach 15 Minuten gaben die Mitarbeiter des Teams frustriert auf.

Dzakovic und andere Mitglieder des »roten« Teams warnten ihre Vorgesetzten mehrfach, dass die Vereinigten Staaten ein leichtes Ziel für Terroranschläge seien. Doch die FAA-Oberen legten die Berichte des Red-Teams zu den Akten, weil, so Dzakovics Vorwurf, es der FAA wichtiger gewesen sei, dass die Flugzeuge in der Luft blieben, als für eine echte Sicherheit des Flugbetriebes zu sorgen.

»Das Einzige, was mich am elften September überraschte, war, dass es nicht schon früher passierte«, sagte Dzakovic zu mir. »Das Sicherheitssystem der zivilen Luftfahrt war und bleibt im Grunde eine teure Fassade. Es lässt die fliegende Öffentlichkeit glauben, dass sie geschützt wird – Sie wissen schon, das ganze Theater mit dem Schlangestehen und Schuheausziehen am Flughafen. Echte Terroristen lassen sich davon aber nicht sonderlich beeindrucken.«

Gleichzeitig griffen falsche Terroristen auch das Los Alamos National Laboratory und andere nukleare Einrichtungen der USA an. Das in den Bergen Neumexikos gelegene Los Alamos war die wichtigste Regierungseinrichtung zur Aufbereitung von Plutonium, dem entscheidenden Element zum Bau von Atomwaffen. Rich Levernier, ein Kriegsspielexperte des

Energieministeriums (dem das Atomwaffenprogramm untersteht), wurde damit beauftragt, die Verteidigungsbereitschaft der Einrichtung gegen terroristische Anschläge zu überprüfen.

Einmal im Jahr griffen Leverniers falsche Terrortrupps (bestehend aus US-Soldaten) Los Alamos an. Bei diesen Aufeinandertreffen wurde von keiner Seite echte Munition verschossen; stattdessen verwendete man harmlose Laser. Leverniers Angreifer hatten den Auftrag, die Einrichtung zu beschießen, sich des Plutoniums zu bemächtigen und dann zu verschwinden. Von den Sicherheitskräften der Einrichtung erwartete man, die falschen Angreifer abzuwehren. »In mehr als fünfzig Prozent unserer Tests gelangten wir hinein, schnappten das Plutonium und kamen wieder heraus«, berichtete mir Levernier. »In einigen Fällen feuerten wir nicht einmal einen Schuss ab, weil wir auf keinerlei Wachen stießen.« Um das Ganze noch schlimmer zu machen, transportierten Leverniers Truppen das entwendete Plutonium in einem Einkaufswagen von Home Depot ab. All das war möglich, obwohl die Sicherheitskräfte in Los Alamos Monate im Voraus darüber unterrichtet waren, dass die »Terroristen« kamen.

Im November 2003 erschien mein Artikel in *Vanity Fair*, was einen weiteren, aber selten anerkannten Aspekt des Whistleblowings in den Vereinigten Staaten illustriert: die Schwierigkeit, die mächtigsten Nachrichtenorganisationen des Landes dazu zu bringen, Informationen zu drucken oder zu senden, welche die Regierung oder andere mächtige Interessengruppen nicht veröffentlicht sehen wollen.

Bevor ich mich an *Vanity Fair* wandte, wurde mein Artikel von zwei anderen führenden Zeitschriften des Landes abgelehnt. Das *New York Times Sunday Magazine* brachte ihn nicht, obwohl die Herausgeber der Zeitschrift meinen ursprünglichen Vorschlag, die Geschichte zu schreiben, begrüßt und mir sogar den Flug nach Los Alamos bezahlt hatten, um die Mutmaßungen des Whistleblowers vor Ort nachzuprüfen. Die *Times* verwarf meinen Artikel in letzter Minute, nachdem ich aus Los Alamos zurückgekehrt war, mein Manuskript eingereicht hatte und der zuständige Redakteur und ich es so weit überarbeitet hatten, dass wir damit zufrieden waren. Dieser Redakteur und ich warteten darauf, dass der Beitrag in der nächsten oder einer der folgenden Ausgaben erschien, doch dann erhielt ich von ihm eine E-Mail, in der er mir mitteilte, der Chefredakteur habe entschieden, dass die Geschichte »nicht funktioniere«. Obwohl ich eine Erklärung verlangte, erfuhr ich den Grund dafür nie.

Natürlich landen die ganze Zeit Geschichten im Papierkorb, manchmal aus nachvollziehbaren Gründen. Doch die Tatsache, dass mein Artikel später in *Vanity Fair* erschien – in der US-amerikanischen Medienlandschaft damals eine absolut ernstzunehmende Adresse –, legt nahe, dass vielleicht noch etwas anderes daran schuld war.

Ich glaube, dass diese Episode einen weiteren Kritikpunkt Snowdens unterstreicht: Die angeblich so freie, unabhängige, »liberale« Presse der Vereinigten Staaten ist nichts von alledem. Die *New York Times* und andere große Nachrichtenorgane sind nicht nur ein bisschen regierungsfreundlich – statt Weltsicht und Politik hoher Regierungsvertreter zu hinterfragen, neigen sie dazu, diese zu teilen oder ihnen zumindest im Zweifel den Zuspruch zu geben.

Ich argumentiere hier nicht auf der Grundlage von Hörensagen oder persönlicher Befindlichkeiten. In den achtziger Jahren interviewte ich für mein Buch *On Bended Knee: The Press and the Reagan Presidency* 175 Vertreter der Medien und des Weißen Hauses. Daneben habe ich während meiner gesamten Berufslaufbahn als freier Journalist für große Medienorganisationen gearbeitet und ihr Verhalten genau beobachtet. Ich möchte ausdrücklich betonen, dass es in den Mainstreammedien viele ehrbare Journalisten gibt. Doch eine Institution als Ganzes befolgt gewisse Regeln. Diese Regeln sind im Allgemeinen ungeschrieben, werden aber klar kommuniziert – durch die Entscheidungen des Herausgebers, welche Geschichten und journalistischen Ansätze veröffentlicht und priorisiert werden und welche nicht.

Die Definition verantwortungsvoller Regierungsberichterstattung der Mainstreamnachrichtenmedien beginnt mit folgender Faustregel: Wann immer es möglich ist, zitiere einen Regierungsvertreter. Aus Gründen der Gleichgewichtung ist weiter geraten, beiden großen Parteien dieselbe Zeit einzuräumen. Letztere Direktive trifft auf eindeutig parteiische Organe wie Fox auf der Rechten und MSNBC auf der Linken freilich weniger zu, doch im Großen und Ganzen wird sie befolgt. Paul Krugman, ein Wirtschaftsprofessor der Princeton University, der nebenbei als Kolumnist für die *New York Times* schreibt, hat wiederholt die Selbstverpflichtung der Medien kritisiert, politisch ausgewogen zu berichten und beide Parteien gleichermaßen zur Verantwortung zu ziehen, selbst, wenn angesichts der Faktenlage einer bestimmten Story ein solch »gleichgewichteter« Ansatz gar nicht empfehlenswert ist.

Weitere Faustregeln: Informationen und Sichtweisen, die nicht aus den politischen und wirtschaftlichen Machtzentren stammen, werden heruntergespielt oder ignoriert. Bei kritischen Kommentaren zur Regierung stütze man sich möglichst ausschließlich auf die Opposition; hat die Regierung in einer bestimmten Frage die Zustimmung eines Großteils der Opposition, gilt das auch für die Medienberichterstattung. Die Berichterstattung in den großen Mainstreammedien spiegelt also zum großen Teil wider, wie die führenden Gruppen innerhalb des demokratischen und des republikanischen Lagers ein bestimmtes Thema definieren, ganz gleich, wie sehr diese Definitionen verifizierbaren Fakten oder dem gesunden Menschenverstand widersprechen mögen.

Dieser journalistische Ansatz kritisiert die Mainstreamberichterstattung auf wenigstens zweierlei Weise: Erstens ist die Berichterstattung über einen Präsidenten nur so kritisch wie es die Opposition für richtig hält; zweitens reflektiert die Berichterstattung über bestimmte Fragen weniger die Realität als die *Definition* dieser Realität durch die beiden großen politischen Parteien. Daher bekamen Ronald Reagan und George W. Bush relativ wenig negative Berichterstattung, da sie es mit einer Opposition zu tun hatten, die selten aggressiv war. George H. W. Bush und insbesondere Bill Clinton und Barack Obama hingegen wurden von den Medien weitaus gröber angefasst. Dies ist der scharfen, unablässigen Kritik aus den Reihen der Opposition während ihrer jeweiligen Präsidentschaft geschuldet.

Was die Berichterstattung zu einzelnen Fragen betrifft, so bezeichnete David Hoffman, ein Korrespondent der *Washington Post* im Weißen Haus, die Verdopplung des Militärhaushaltes unter Reagan – und den ausbleibenden Widerspruch der Demokraten – als »perfektes Beispiel« dafür, wie die Presse das argumentative Spektrum des Washingtoner Establishments übernehme, anstatt dem Leser eine unabhängige Analyse anzubieten. »Wir füllen das Blatt mit Geschichten am jeweiligen Themenrand, nicht mit umfassenden Überblicken«, sagte mir Hoffman. »Wenn man eine Zeitung durchginge und jeden Artikel markierte, ob er zwei, fünf oder 360 Grad (vom Zentrum der Debatte) entfernt liegt, dann bekäme man eine ganze Menge Zwei-Grad-Geschichten.«

In den Reagan-Jahren bedeutete diese Tendenz der Mainstreammedien, als Stenographen der Macht zu fungieren, dass Reagans Bezeichnung mittelamerikanischer Todesschwadrone als »Freiheitskämpfer« weitgehend nicht hinterfragt wurde – ebenso, wie Präsident Clintons spätere Behauptungen, die finanzielle Deregulierung sei für Banken und Verbraucher gleichermaßen ein Gewinn, einer kritischen Betrachtung entgingen. Dieselbe Tendenz half der Regierung Bush-Cheney, die Nation zu einem Angriff auf den Irak zu treiben, um dort angeblich »Massenvernichtungswaffen« zu vernichten, die, wie sich am Ende herausstellte, gar nicht existierten (wie viele außenstehende Kritiker vorhergesagt hatten). Dank einseitiger Medienberichterstattung geriet Präsident Obama (und der Kongress) wegen seiner Rettung der Wall-Street-Banker nicht ins Kreuzfeuer der Kritik, musste sich nach dem Finanzcrash von 2008 allerdings Millionen kleiner Hausbesitzer gegenüber verantworten.

Kurz, die großen Nachrichtenorganisationen der USA fungieren häufig als bloße Hofberichterstatter. Als wichtige Mitglieder des Hofes – offiziell Washington genannt – spiegelt ihre Berichterstattung die Meinung der Machthaber wider, anstatt ein unabhängiges Bild zu zeichnen. Für alle anderen mag der Himmel blau und das Gras grün sein, doch solange mächtige Persönlichkeiten bei Hofe dies nicht bestätigen, wird man es vom Washingtoner Pressecorps nicht hören.

»Das Vertuschen dieser Story änderte den Lauf der Geschichte«

Aber ist die *New York Times* nicht eine Ausnahme? Immerhin hat sie die Pentagon-Papiere veröffentlicht. Und was ist mit dem ersten Bericht über die Überwachungsaktionen der Bush-Cheney-Regierung, die ohne richterlichen Beschluss erfolgten? Und all den anderen Artikeln, in denen die Politik Washingtons kritisiert wird?

Vielleicht ist die *Times* eine Ausnahme, aber nur zum Teil. Beschäftigt man sich mit der Geschichte der Zeitung und der politischen Machtzentren, stößt man allzu oft auf ein kuscheliges Verhältnis der beiden zueinander. Das Bild, welches sich dadurch ergibt, zeigt seitens der *Times*-Chefetage eine große Zögerlichkeit, wenn nicht gar einen Widerwillen, die vom Präsidenten der Vereinigten Staaten und dessen Beratern verkündete Wahrheit zu hinterfragen. Ellsberg berichtet darüber in seinen Memoiren, *Secrets* (Geheimnisse), und stellt fest, dass die Zeitung am Ende zwar das Richtige tat und die Pentagon-Papiere trotz der Drohungen Nixons veröffentlichte, das Ganze jedoch eine knappe Sache war.

Snowden jedenfalls erschütterte die Vorgeschichte des *Times*-Artikels über die Abhöraktionen vom Dezember 2005. Er nannte sie später als Hauptgrund dafür, warum er sich mit den NSA-Geheimdokumenten an Poitras und Greenwald statt an die Times gewandt habe. Snowden wusste, dass die *Times*-Reporter James Risen und Eric Lichtblau, die im Dezember 2005 über den Abhörskandal berichtet hatten, ihren Artikel bereits im Herbst 2004 fertiggestellt und ihren Herausgebern vorgelegt hatten – Wochen vor Bushs erneuter Kandidatur im Herbst 2004 und über ein Jahr, bevor die Herausgeber ihn schließlich veröffentlichten. Obendrein hatten die Herausgeber den Beitrag im Dezember 2005 erst publiziert, als Risen alles auf eine Karte gesetzt und gesagt hatte, er werde in seinem nächsten Buch *State of War* (Kriegszustand) selbst über den Skandal berichten.

»Das Vertuschen dieser Story änderte den Lauf der Geschichte«, sagte Snowden zu Greenwald. Zutreffend oder nicht, Snowden glaubte jedenfalls, dass die Enthüllungen über Bushs und Cheneys Überwachungsprogramm einen Volkszorn entfacht hätten, der den Präsidenten und seinen Stellvertreter möglicherweise den Wahlsieg gekostet hätte – wenn die *Times* den Risen-Lichtblau-Artikel vor den 2004er-Wahlen gebracht hätte. Daher beschloss Snowden, die NSA-Dokumente zwei unabhängigen Journalisten zuzuspielen, anstatt der mächtigsten Zeitung der Welt. Tatsächlich war Snowden der Ansicht, dass die *Times* des Jahres 2013 nicht mehr dieselbe *Times* war, die 1971 die Pentagon-Papiere veröffentlicht hatte, und er daher nicht darauf vertrauen könne, dass sie der Geschichte gerecht würde, für deren Aufdeckung er sein Leben riskierte.

Ein Nachrichtenorgan, das so mächtig ist wie die *Times*, kann den Lauf der Geschichte nicht nur dadurch ändern, dass es Tatsachen zurückhält, sondern auch, indem es Tatsachen fälschlicherweise aufbauscht. Bei einer der peinlichsten Geschichten ging es darum, dass die *Times* unablässig Behauptungen aufgriff, der irakische Diktator Saddam Hussein verfüge über »Massenvernichtungswaffen« und müsse daher gestürzt werden, bevor er sie einsetzen könne. Die *Times*-Reporterin Judith Miller schrieb viele solcher Artikel, bei denen sie auf Informationen von Ahmad Dschalabi und anderen Exilirakern zurückgriff, die sich eifrig für Husseins Sturz einsetzten. Dabei missachtete sie umfangreiches Faktenmaterial, das auf das Gegenteil schließen ließ.

Ein Großteil von Millers Informationen war falsch, was die *Times* schließlich 2004 in einer redaktionellen Anmerkung einräumte.[28] Zu diesem Zeitpunkt war der gewaltige Schaden freilich nicht mehr rückgängig zu machen. Die Vereinigten Staaten waren in einen Krieg gezogen, der in der Region bis heute Chaos und Tote zur Folge hat. In dem spannungsgeladenen Vorfeld der katastrophalen Invasion des Irak trugen Millers Schwindelgeschichten – die auf der Titelseite von Amerikas angesehenster Zeitung erschienen – dazu bei, die Berichterstattung der übrigen Medien zu beeinflussen, die Elite einzustimmen und letztlich den Krieg zu legitimieren. Ungeachtet ihrer Abneigung gegenüber der angeblich liberalen Presse zitierten Vertreter der Regierung Bush-Cheney regelmäßig die *Times*-Artikel, um ihre Argumente für einen Einmarsch im Irak zu untermauern. Wenn selbst »Liberale« sagten, Saddam habe Massenvernichtungswaffen, dann musste es ja schließlich stimmen, oder?

Die *Times* war aus Snowdens Sicht keinesfalls allein in ihrer Beflissenheit für die Regierungsmacht. »Nach dem 11. September 2001 gaben viele wichtige Nachrichtenorgane in Amerika ihre Rolle als vierte Macht im Staat auf – die journalistische Verantwortung, die Exzesse der Regierung zu hinterfragen –, weil sie Angst hatten, in einer Phase gesteigerten Patriotismus' als unpatriotisch zu gelten und vom Markt dafür bestraft zu werden.«

Es ist daher einleuchtend, dass Snowdens Enthüllungen zuerst in einem britischen statt einem amerikanischen Nachrichtenorgan erschienen. Zweitens ergab es einen Sinn, dass das fragliche Medienorgan der *Guardian* war, da die Zeitung auf eine lange Geschichte scharfer Kritik an Machthabern in allen Sphären zurückblickte. Als linkes Blatt war es für den *Guardian* obendrein durchaus in Ordnung, nicht nur im rechten Flügel angesiedelte Politiker wie George W. Bush und Dick Cheney zu kritisieren, sondern auch den Mitte-links-Präsidenten Barack Obama.

Es gibt jedoch Ausnahmen von der üblichen Staatstreue amerikanischer Medien, weshalb mein Artikel über die von GAP-Whistleblowern angeprangerten Skandale in der Atom- und Luftfahrtsicherheit schließlich in *Vanity Fair* erschienen. Graydon Carter, der Herausgeber der Zeitschrift, nahm die Terrorbedrohung keinesfalls auf die leichte Schulter; er und seine Familie lebten wenige Blocks vom ehemaligen World Trade Center entfernt.

Wie es sich für einen verantwortungsbewussten Herausgeber gehört, ließ er meinen Artikel von außenstehenden Fachleuten prüfen. Zwar waren die meisten Seiten in Carters *Vanity Fair* den Reichen und Schönen gewidmet, doch war er einer der wenigen wichtigen Mainstreamherausgeber, die in dem politischen Angstklima der Bush-Cheney-Regierung nach dem 11. September nicht klein beigaben. Als sich Carter sicher war, dass mein Artikel nicht ungewollt Terroristen nützliche Informationen lieferte, zögerte er nicht länger und veröffentlichte ihn.

Das sollte man von einer freien und unabhängigen Presse auch erwarten. Im amerikanischen Verfassungssystem ist es die Aufgabe der Presse, die Öffentlichkeit zu informieren und die amtierende Regierung kritisch zu beobachten, selbst wenn – insbesondere, wenn – dies der Regierung nicht schmeckt.

»Es hat mein Leben ruiniert«

Die Interviews mit den Whistleblowern, die ich bei der Vorarbeit zu meinem *Vanity-Fair*-Artikel und anderen journalistischen Recherchen kennenlernte, haben mir einen gewissen Einblick verschafft, wie ein Whistleblower tickt. Whistleblower sind ganz unterschiedliche Persönlichkeiten, doch praktisch alle sind getrieben von einem starken individuellen Verantwortungsbewusstsein. Häufig sehen sie das Leben als Verkettung moralischer Entscheidungen. Ihr Gewissen gestattet es ihnen trotz evidenter Risiken nicht, es sich leichtzumachen. Deshalb lehnen es Snowden, Wigand und zahlreiche andere Whistleblower ab, als Helden bezeichnet zu werden, und beharren stattdessen darauf, sie seien gewöhnliche Menschen, die lediglich einer ihnen obliegenden Verantwortung gerecht geworden seien.

»Ich habe Werte, die es mir schlicht verbieten, mich an illegalen Dingen zu beteiligen«, sagte ein Whistleblower bei der General Services Administration (GSA, unabhängige Bundesbehörde zur Unterstützung und Verwaltung der verschiedenen Bundesbehörden) zu Tom Devine vom GAP. »An mir ist absolut nichts Außergewöhnliches. Ich bin kein Held. Aber man muss mit sich selbst leben. Wenn ich nicht (die Wahrheit sagte), wie könnte ich dann mit diesem Gesicht leben, das ich jeden Morgen im Spiegel sehe?«[29]

»Es gibt verschiedene Arten von Whistleblowern«, sagte Edwards vom GAP. »Etwa den Zeloten, der am schwierigsten im Umgang, aber gleichzeitig auch sehr selten ist. Dann gibt es die Zufallsenthüller, die gar nicht wissen, dass sie etwas aufgedeckt haben; sie wissen nur, dass plötzlich alles über ihnen zusammengebrochen ist. Dann gibt es noch diejenigen, die einen Missstand erkennen, aber ihn zu ignorieren versuchen, dann jedoch erkennen, dass sie das nicht ertragen, und die Wahrheit ans Licht bringen müssen. Schließlich bleiben noch die Aufrechten, die sagen, >Ich habe nur meine Arbeit gemacht<. Das sind häufig Polizeitypen.«

Thomas Drake gehörte eindeutig zur Kategorie der Aufrechten, ebenso wie Rich Levernier, dessen falsche Terrorgeschwader die Sicherheitsvorkehrungen in Los Alamos ad absurdum führten. Levernier betonte in unseren Interviews, er sei zweifelsohne ein unfreiwilliger Whistleblower. Nach neun Jahren beim Armeegeheimdienst und 22 Jahren im Energieministerium war er nach eigenen Worten niemand, der Autorität normalerweise in Frage stellte. Über die etablierten bürokratischen Kanäle versuchte er jahrelang, seine Vorgesetzten beim Energieministerium dazuzubringen, etwas gegen die Mängel zu unternehmen, die seine Kriegsspiele ans Tageslicht gefördert hatten. Die meisten dieser Vorgesetzten hätten jedoch bereits das Vorliegen dieser Probleme geleugnet, sagte er, und seien auf die Fragen nach Problemlösungen gar nicht erst eingegangen.

Wie Drake war Levernier ein ernster, wenn nicht unnachsichtiger Mensch, der sich streng an die Vorschriften hielt. Er erzählte mir seine Geschichte in einem eindringlichem Monolog und mit Pokerface. Devine sagte, er habe sechs Monate gebraucht, bis er es geschafft habe, Levernier zum Lächeln zu bringen. »Rich erinnert mich an Joe Friday in *Dragnet*«, sagte Devine. »Neben ihm wirkt Joe sogar lebhaft.«

In einem Jahr opferte Levernier seinen Super Bowl Sunday, um den Sicherheitskräften in der Nukleareinrichtung Rocky Flats in der Nähe von Denver einen Überraschungsbesuch abzustatten. Er und ein Kollege stellten fest, dass »Wachleute, die dreimal in der Stunde Patrouille gehen sollten, über sechs Stunden lang nicht zu sehen waren«. Er und der Kollege suchten nach den Abwesenden und fanden sie schließlich drinnen vor dem Fernseher, wo sich die gesamte Truppe das Footballspiel ansah.

Chris Steele, ein anderer Whistleblower in Los Alamos, war ebenfalls eine exzentrische Persönlichkeit, der seine Mitarbeiter zu Einhaltung der gegebenen Standards mahnte. Als oberster Sicherheitsbeamter des Energieministeriums vor Ort oblag es Steele, dafür zu sorgen, dass durch den Betrieb des Labors keine unnötigen Risiken für Arbeiter, Öffentlichkeit oder Umwelt entstanden. Da er sich selbst als streberhaften Workaholic bezeichnete, war er überfragt, als ich wissen wollte, was er in seiner Freizeit tue. »Ich bin ein bisschen langweilig«, sagte er achselzuckend, bevor er erwähnte, dass er seine letzten Ferien mit dem Nachrechnen der bei einem hypothetischen Unfall in Los Alamos freigewordenen Strahlung zugebracht habe.

Dummheit konnte Steele überhaupt nicht ertragen. »Zurückgeblieben« und »schwachsinnig« waren zwei der politisch inkorrekten Worte, die er für Kollegen übrighatte, deren Arbeit seinen hohen Maßstäben nicht gerecht wurden. Gegen zahlreiche Vorschläge, die er für gefährlich, illegal oder schlicht idiotisch hielt, legte er ein Veto ein. Im Jahre 1998 überstimmte er einen Wissenschaftler in Los Alamos, der so versessen auf ein bestimmtes Experiment war, dass er anbot, einen Bulldozer in einen Atomreaktor zu fahren, sollte sich dieser während des Experiments überhitzen. »Ich sagte ihm, das sei vielleicht das Mutigste, was ich je gehört hätte«, erinnerte sich Steele trocken. »Die Strahlung hätte ihn ohne Zweifel umgebracht. Aber ein ernstzunehmender Plan war das nicht.«

Levernier und Steele verband noch eine andere Charaktereigenschaft, die man bei vielen Whistleblowern vorfindet: eine beharrliche, fast naive Entschlossenheit, solange Bedenken zu äußern, bis die zugrundeliegenden Probleme in Angriff genommen werden. Whistleblower nehmen das System beim Wort und konfrontieren Kollegen und Vorgesetzte mit fundierten Einwänden. Sie verlangen Antworten und wirken dann fast schockiert, wenn ihr Drängen zurückgewiesen wird und sie in der Klemme sitzen: Nicht nur sie, auch alle anderen sollten doch nach Kräften versuchen, die Dinge in Ordnung zu bringen, oder?

Selbst dann machen viele dieser Whistleblower weiter, weigern sich aufzugeben, und zahlen in vielen Fällen einen hohen Preis. Steele und Levernier verloren ihre Sicherheitsfreigabe und damit ihren Job. Dasselbe geschah Jahre später auch Drake. Sie hatten Missstände angeprangert und dann trotz offener Feinseligkeit seitens ihrer Vorgesetzten nicht lockergelassen.

Mit Unterstützung durch das GAP wehrte sich Steel erfolgreich und wurde rehabilitiert, doch Leverniers Geschichte hatte kein solch glückliches Ende. Der Kriegsspielexperte wurde nicht direkt gefeuert – weshalb er vor Gericht hätte ziehen können –, doch die Rücknahme seiner Sicherheitsfreigabe beendete praktisch seine Karriere. Zwei Jahre später hätte er mit vollen Bezügen in Rente gehen können. Man setzte ihn auf einen Verwaltungsposten im Ministerium, obwohl sein Ruf längst durch eine Flüsterkampagne ruiniert worden war. Fälschlicherweise wurde ihm vorgeworfen, er hätte geheime Informationen preisgegeben. »Wenn ich heute durch die Gänge gehe und Menschen begegne, die ich seit fünfundzwanzig Jahren kenne, wenden sie sich ab und gehen davon«, sagte er. »Der Makel, der mir anhaftet, ist so stark, dass niemand, der irgendwelche beruflichen Ambitionen hat, auch nur in meine Nähe kommen möchte.«

»Wenn ich nochmal damit zu tun hätte, würde ich es anders machen«, sagte Levernier. »Ich würde die von mir festgestellten Mängel viel genauer aufzeichnen und sie meinen Bossen auf die Türschwelle legen, und wenn diese dann nichts täten, wäre es ihr Fehler. Aber das ist alles. Denn heute erkenne ich, dass Vorgesetzte umfassende Macht über einen besitzen und auch nicht zögern, sie anzuwenden. Als sie mir meine Sicherheitsfreigabe wegnahmen, war das, als hätte man mir einen scharlachroten Buchstaben auf die Stirn gemalt. Es hat mein Leben ruiniert.«

»Wie können wir das in Ordnung bringen?«

Durch ihre unerschütterlichen Moralbegriffe und ihre strikte Beachtung von Regeln und Vorschriften sind Whistleblower in der Zusammenarbeit nicht immer die einfachsten Zeitgenossen. Dies kann sich gegen sie wenden, wenn die Zielobjekte ihrer Enthüllungen zurückschlagen. Die Vergeltung, mit der sie sich dann konfrontiert sehen, kann wiederum Paranoia, Misstrauen, Selbstmitleid oder Depressionen auslösen, die weit über die rein wirtschaftliche Bestrafung des Jobverlustes hinausgehen. Whistleblower können in ihrem Streben nach Gerechtigkeit so obsessiv werden, dass sie selbst Verbündete, darunter Anwälte des GAP, in den nahen Wahnsinn treiben.

Devine schrieb das Scheitern seiner Ehe zum Teil den nächtlichen Telefonanrufen zu, die er monatelang pausenlos von Aldric Saucier bekam, einem Wissenschaftler der US-Armee, dessen Enthüllungen über gefälschte Testergebnisse für das Programm »Star Wars« dazu beitrugen, dass nach seiner Einschätzung eine Billion Dollar verschwendet wurde. »Er ließ meine Familie einfach nicht in Ruhe«, erinnerte sich Devine. Dieser »nahm seine Anrufe jedoch weiterhin entgegen«, weil er nicht nur selbst mehr als nur ein bisschen obsessiv war, sondern auch, weil Saucier bisweilen in unleugbar kritische Situationen geriet. An einem Abend etwa wurde er vor seinem Vorstadthaus in Virginia von zwei Schlägern verprügelt.

Körperliche Angriffe, wenngleich selten, seien jedoch nur eine von vielen Vergeltungsmaßnahmen, die Bürokratien gegen Whistleblower anwenden, fuhr Devine fort. »Den Boten zu erschießen«, sei der Grundpfeiler der bürokratischen Reaktion, sagte er. Sein Buch bietet eine Liste weitverbreiteter subsidiärer Taktiken zu diesem Zweck; die Liste stammt aus dem Malek Manual, einem von Präsident Nixon in Auftrag gegebenen Geheimbericht, welcher, so Devine, habe erörtern sollen, »wie man das Laufbahnsystem im öffentlichen Dienst von ›unempfänglichen‹ Angestellten – Whistleblowern oder Demokraten – säubert, ohne dabei gegen das Gesetz zu verstoßen«. Ironie der Geschichte: Das Malek Manual selbst wurde von Whistleblowern bei den Bundesbehörden enthüllt.

»Der erste Imperativ der Vergeltung ist, den Whistleblower zum Gegenstand (der Diskussion) zu machen: Man stellt den Dissidenten in ein schlechtes Licht, indem man seine Motive, seine Glaubwürdigkeit, seine berufliche Kompetenz und praktisch alles angreift, was dazu dienen kann, die Sache zu verschleiern«, fuhr Devine fort. »Es geht darum, das Interesse auf den Whistleblower zu lenken statt auf den angeprangerten Missstand.« So beklagten Vorgesetzte von Steele und Levernier wiederholt, die Persönlichkeiten der beiden Whistleblower und ihre Weigerung, als »Teamplayer« zu agieren, seien der Grund für den Entzug ihrer Sicherheitsbescheinigung gewesen, nicht das Hinterfragen der institutionellen Praxis. (Ein Mitarbeiter Leverniers machte sich über die Behauptungen der Vorgesetzten lustig: »Hatte er (Levernier) ein angenehmes Wesen? Ich musste den Kerl ja nicht heiraten, also war das nicht mein Problem. Aber zu sagen, er sei kein Teamplayer, ist totaler Quatsch. Das bedeutet lediglich, ›Überbringt uns keine schlechten Nachrichten, weil wir uns nicht mit den Problemen befassen wollen.‹«)

Auch Daniel Ellsberg wurde nach seinen Enthüllungen der Pentagon-Papiere als Unzufriedener und Ruhmsüchtiger lächerlich gemacht. Daneben wurde auch er zum Ziel körperlicher Angriffe, wie er später behauptete. Ellsberg, der sich dabei auf Informationen eines Strafverfolgers im Watergate-Skandal berief, sagte, die sogenannten »Plumbers« (Klempner) des Weißem Hauses hätten einen Schlägertrupp beauftragt, ihn bei einer Antikriegs-Demonstration »außer Gefecht zu setzen«, doch sei er diesen entkommen. Viele Beobachter haben spekuliert, dass der Einbruch der Plumbers in Ellsbergs psychiatrischer Praxis darauf zielte, dort etwas gegen Ellsberg Verwendbares zu finden, das man veröffentlichen und Ellsberg damit als antiamerikanisch oder schlicht irre hätte darstellen können. Ellsberg glaubt, dass es daneben noch ein weiteres Motiv gegeben habe: »Sie wollten verhindern, dass ich noch weitere Informationen preisgebe«, sagte er mir. »Der Einbruch verfolgte zwar teilweise das Ziel, meinen Ruf zu beschädigen, in der Hauptsache aber ging es darum, mich zu bedrohen, damit ich über die wahren Hintergründe ihrer Vietnam-Politik die Klappe hielt.«

Wie fragwürdig es ist, den Boten zu bestrafen, wird klar,

wenn man an den berühmtesten, wenn nicht berüchtigtesten Whistleblower der Geschichte denkt – an »Deep Throat« von Watergate. »Whistleblower haben bisweilen durchaus gemischte Gefühle, aber das bedeutet nicht, dass sie unrecht haben«, sagte Edwards vom GAP. »Das beste Beispiel hierfür ist Mark Felt, der Haupt-Whistleblower hinter dem Watergate-Skandal.« Felt, dem die Reporter Bob Woodward und Carl Bernstein von der *Washington Post* seinen berühmten Spitznamen »Deep Throat« (tiefer Schlund) verpassten, »war angefressen, weil ihn (FBI-Direktor J. Edgar) Hoover bei der Beförderung innerhalb des FBI übergangen hatte«, fährt Edwards fort. »Seine Enthüllungen waren also die Folge eines persönlichen Streits. Sie zeigten jedoch, dass der Präsident illegal handelte, und das zu offenbaren, lag ganz sicher im öffentlichen Interesse.«

Auch Snowden wurde nach dem Motto »den Boten erschießen« behandelt – man verunglimpfte ihn als Highschool-Abbrecher, als größenwahnsinnigen Bürohengst, als Verräter, der US-Geheimnisse an Russland und China verschachern wollte, und noch mehr – doch er schwächte solche Angriffe durch eine Reihe provokativer Schachzüge ab, welche ihn abermals von den meisten Whistleblowern unterschieden. Darüber hinaus zeugten sie von einem fundierten Verständnis davon, wie Medien und Bilder in der heutigen Welt funktionieren.

Vor allen Dingen unternahm Snowden vorsorglich Schritte, sich in den Augen der Öffentlichkeit *selbst zu definieren*, anstatt dies den Medien und der Regierung zu überlassen. Dies erreichte er in erster Linie dadurch, dass er ein Video-Interview mit Laura Poitras aufzeichnete, in welchem er sich zur Veröffentlichung der geheimen NSA-Dokumente bekannte und seine Gründe dafür darlegte; das Video wurde zusammen mit den ersten NSA-Exklusivmeldungen auf der Website des *Guardian* gepostet. Dort entdeckten es rasch andere Medienanbieter und verbreiteten es über ihre Netzwerke, wodurch Reichweite und Wirkung des Interviews exponentiell stieg. Die Öffentlichkeit lernte Snowden somit nicht als anonyme, in Handschellen abgeführte Figur kennen (wie es bei Drake der Fall gewesen war), sondern als ruhigen, wortgewandten, berufsmäßig gekleideten jungen Mann, der sich offenbar gut überlegt hatte, was er tat, und bereit war, einen Preis für seine Entscheidung zu zahlen. Kurz, man begriff ihn als Mensch mit einem Gewissen, nicht als verschlagenen Verräter.

Poitras und Glenn Greenwald, unterstützt von MacAskill vom *Guardian*, waren wichtige Verbündete bei der Inszenierung von Snowdens öffentlicher Persönlichkeit. Poitras filmte das Video in einem schmeichelhaften, aber autoritativen Ton und verschmolz Snowdens Offenbarungen mit gerade so viel persönlichen Erkenntnissen, dass er menschlich wirkte. Der Journalist Greenwald, ein ehemaliger Rechtsanwalt, war ein aggressiver Fürsprecher Snowdens, insbesondere in den Tagen nach den ersten Enthüllungen, als Snowden am Moskauer Flughafen festsaß und nicht für sich selbst sprechen konnte. Manche Mainstreamjournalisten äußerten sich über Snowden so kritisch wie die Regierungsvertreter; Greenwald verurteilte sie als Kriecher vor der Regierung, die vergessen hätten, dass Journalisten die Enthüllung nachrichtentauglicher Informationen eigentlich begrüßen sollten. Jeffrey Toobin etwa, ein Rechtsexperte für CNN und den *New Yorker*, verteidigte die Überwachung ohne richterlichen Beschluss durch die NSA als »rechtlich zulässiges« Programm, nannte Snowden »einen grandiosen Narzissten, der eine Haftstrafe verdient«, und verurteilte ihn für seine Flucht zuerst nach China und dann nach Russland. Greenwald schoss zurück und sagte, der Grund, warum Snowden die Vereinigten Staaten vor Freigabe der Dokumente verlassen habe, sei, dass diese »ein Land voller Jeffrey Toobins« seien, die ihn lieber ins Gefängnis werfen würden, als sich seinen Enthüllungen zu stellen.

Die Schlacht um das öffentliche Urteil über Snowden sollte noch jahrelang weitergehen – sie dauert immer noch an –, und seine Kritiker feuerten aus allen Rohren. Doch dieser erste PR-Schachzug, der Snowden die Oberhand über sein eigenes Image und seine Botschaft sicherte, verstärkt durch seine anhaltende Bereitschaft zu Interviews und öffentlichen Auftritten (via Satellit), um sein Handeln zu erklären, machten es weitaus schwerer, »den Boten zu erschießen« oder ihn wie viele Whistleblower zuvor zu diskreditieren.

Immer wieder erklärte Snowden seinen Zuhörern, er habe aus persönlichem Verantwortungsbewusstsein und moralischer Einsicht heraus gehandelt. In dieser Hinsicht war er ganz und gar typisch für seinen neuentdeckten Stamm. Verantwortung ist etwas, worüber Whistleblower häufig reden; es ist vermutlich die wichtigste Triebfeder ihres Handelns. Snowden war offenbar nicht der einzige unter seinen Kollegen, denen die massenhafte Überwachung durch die NSA missfiel – seine Kollegen, mit denen er tagtäglich zu tun gehabt habe, seien »gute Leute« gewesen, sagte er –, doch fand er, dass er durch die Enthüllung der Informationen am wenigsten zu verlieren hatte. Ray McGovern, ein ehemaliger CIA-Agent, der sich später mit Snowden anfreundete, erinnerte sich daran, wie dieser seinen gedanklichen Prozess erklärte. »Ed sagte mir, ›Eines Tages sah ich mich im Büro um, und ein Kollege hatte Kinder auf dem College, ein anderer eine Hypothek, wieder ein anderer alte Eltern, nach denen man sehen musste, und mir wurde klar, wenn jemand das tun muss, dann bin ich das‹«, erzählte mir McGovern.

»Whistleblower haben ein stärkeres Mitgefühl für andere als der Durchschnittsmensch und sind von einem moralischen Gefühl geleitet, das sie nicht ohne weiteres ablegen können«, sagte Clark vom GAP. »Außerdem sind sie in der Lage, sich mit den *Opfern* der von ihnen enthüllten Informationen zu identifizieren, ob es nun bespitzelte Menschen sind wie in Snowdens Fall oder die geschröpften Steuerzahler, für die sich Ernie Fitzgerald in den Sechzigern einsetzte. Daneben sind Whistleblower insofern einzigartig, dass sich ihre Moral nicht mit den Umständen wandelt. Sie sagen nicht, ›Oh, ich muss auch an meine Familie denken, also kann ich es nicht riskieren, die Wahrheit zu sagen‹. Sie halten ihre familiären Verpflichtungen nicht unbedingt für wichtiger als ihre Verpflichtungen gegenüber der Gesellschaft um sie herum.«

Der Absolutismus der moralischen Abwägungen mancher Whistleblower – Ellsberg war ein beeindruckendes Beispiel – führte dazu, dass sie mit Verwunderung feststellten, dass nicht jeder bereit war, in ähnlicher Weise zu handeln. »Nach den Pentagon-Papieren vergingen vierzig Jahre, und ich verzweifelte schon darüber, dass niemand sonst so etwas tun würde«, erzählte mir Ellsberg. »Dann kam Chelsea Manning mit ihren Enthüllungen über die Greueltaten der US-Armee im Irak gegenüber WikiLeaks und drei Jahre später Snowden. In all diesen Jahren gab es also drei Menschen, die die Wahrheit verkündet haben, dabei hätten es tausende andere auch tun können. Man darf nicht vergessen, dass über die von Snowden enthüllten Dinge auch tausend weitere Insider Bescheid wussten, die ebenfalls solche Supersicherheitsstufen wie Snowden besaßen. Viele fanden die (massenhafte Überwachung durch die NSA) nicht gut, und sie waren dagegen. Aber sie hatten Frauen und Hypotheken und Kinder, die aufs College gingen, und daher sagten sie lieber nichts. Meine eigene Psyche lässt mich jedoch die Frage stellen, ›Warum gibt es so wenige? Warum gibt es nur drei von uns?‹«

Hier bewies Snowden erneut eine für sein Alter erstaunliche Weisheit. Als ihm Ellsberg während eines gemeinsamen Auftritts bei der Hope X Conference im Juli 2014 mehr oder weniger dieselbe Frage stellte, entgegnete Snowden, er wolle sich lieber auf Ermutigung denn auf Verurteilung fokussierten. »Ich will keinen negativen Standpunkt einnehmen, indem ich diejenigen verurteile (die geschwiegen haben), und sage, ›Ihr habt nicht getan, was ihr hättet tun sollen, ihr habt nicht getan, was ihr zu tun geschworen habt‹«, sagte er. »Selbst, wenn das der Fall ist, denke ich darüber aus Sicht eines Technikers nach und frage mich, ›Wie können wir das in Ordnung bringen?‹«[30]

Mit Anfang dreißig wirkte Snowden wie eine alte Seele, deren Auftreten sanft, deren Entschlossenheit jedoch unerschütterlich war. Das Ziel, so sagte er, sollte es sein, Whistleblower zu stärken und die Transparenz so weit zu verbessern, dass, wenn die Regierungen der Welt »rechtswidrige Dinge tun, wenn sie der Verfassung zuwiderhandeln, oder wenn sie Sachen machen, die zwar vollkommen legal, aber durch und durch unmoralisch sind, wir dann davon erfahren. Das wird die Welt verändern.«

III Der »Dritte Mann«

»Das Richtige tun«

Als Jugendlicher pflegte John Crane seine Sommerferien in Deutschland zu verbringen, wo er unzählige Male die Geschichte hörte, wie sich sein Großvater mit gezogener Pistole Adolf Hitler entgegengestellt hatte. Mutter und Großmutter wurden nicht müde, ihm davon zu erzählen, und die Moral von der Geschichte blieb immer die gleiche. »Meine Familie war sehr aktiv in der antifaschistischen Opposition, und so wurde ich nach dem Grundsatz erzogen, man müsse immer versuchen, das Richtige zu tun«, erinnert sich Crane. »Und wenn jemand das Richtige tut, kann das natürlich Konsequenzen haben.«

Es war ein ziemlich hoher Anspruch für einen jungen Burschen, Hitler mit gezogener Waffe entgegentreten zu sollen, aber die darin enthaltene moralische Lektion bewahrte sich Crane auch als Erwachsener – Jahrzehnte später wurde er zu einem formidablen Verteidiger, der sich hinter den Kulissen für Thomas Drake und andere Whistleblower aus dem öffentlichen Bereich einsetzte. Crane war stellvertretender Generalinspekteur im Verteidigungsministerium, zu dessen Aufgaben es gehörte, die Whistleblower-Einheit zu leiten. Er setzte sich dafür ein, dass Drake und die vier Beamten, mit denen Drake gemeinsam an die Öffentlichkeit gegangen war – die ehemaligen NSA-Führungskräfte William Binney, Kirk Wiebe und Edward Loomis sowie Diane Roark, ehemaliges Mitglied des ständigen Geheimdienstausschusses des Repräsentantenhauses – eine faire Anhörung bekamen und vor Vergeltungsmaßnahmen geschützt wurden. »Ich hatte keine Meinung dazu, ob (Drake) unschuldig war oder nicht – ich habe nur versucht zu erreichen, dass das System so arbeitet wie es soll«, hat Crane mir erzählt.

Aber wie ihn früher schon seine Mutter gewarnt hatte, hat es Konsequenzen, wenn man versucht, das Richtige zu tun, und letzten Endes machten ihm seine bürokratischen Vorgesetzten einen Strich durch die Rechnung. Zu seinem Entsetzen musste Crane mit ansehen, wie Drake und die anderen vier NSA-Whistleblower durch einen anonymen Tipp ans Justizministerium verraten wurden, woraufhin bewaffnete Agenten zu Hausdurchsuchungen bei ihnen auftauchten. Von den fünf Mitgliedern dieser Gruppe, die ich als »NSA 4 + 1« bezeichnen werde, erging es Drake am schlechtesten. Wie schon im ersten Teil dieses Buches beschrieben, wurde ihm seine Sicherheitsfreigabe entzogen, er wurde angeklagt und es wurde ihm angedroht, er würde den Rest seines Lebens im Gefängnis verbringen müssen; seine Pension wurde gestrichen, er wurde in Sicherheitskreisen geächtet und musste notgedrungen als Verkäufer in einem Apple Store arbeiten.

Cranes Aussage, die hier zum ersten Mal veröffentlicht wird, wirft ein neues Licht nicht nur auf das Verfahren gegen Drake, sondern auch auf Edward Snowdens Whistleblowing. »Crane war unsere Fliege an der Wand, durch die wir nachträglich erfahren haben, was mit Drake tatsächlich passiert ist«, sagt Tom Devine vom GAP, das sowohl Crane und Drake als auch Snowden vertreten hat. Cranes Geschichte zeigt, wie ein System, das in der Theorie Whistleblowing-Aktivitäten schützen soll, in der Praxis das genaue Gegenteil tun kann – eine Lektion, die Snowden sich zu Herzen nahm, als er seine eigenen Enthüllungen plante. Denn Drake wurde, obwohl er die vorgeschriebenen Abläufe zu Whistleblowing über Verschwendung, Betrug oder Missbrauch eingehalten hatte, erbarmungslos bestraft, und seine Bedenken über verfassungsrechtlich fragwürdige Überwachungsmethoden wurden ignoriert. Deswegen beschloss Snowden, einen anderen Weg zu gehen, für den Devine die Bezeichnung »Whistleblowing als Akt zivilen Ungehorsams« geprägt hat. Anstatt sich an seine Vorgesetzten beim NSA oder an den Geheimdienstausschuss des Kongresses zu wenden, umging Snowden ein System, das er für korrupt hielt, und übergab im Juni 2013 den Journalisten Laura Poitras, Glenn Greenwald und Ewen MacAskill als geheim eingestufte Unterlagen.

Was Drake jedoch tatsächlich innerhalb des nationalen Sicherheitsapparates passierte, ist komplizierter, als Snowden oder irgendein anderer Außenseiter hätte erkennen können. Cranes Zeugenaussage zeigt, dass Drake tatsächlich Unterstützer innerhalb des Systems hatte, die darauf bestanden, dass er die vorgeschriebenen Abläufe befolgt – und die deswegen selbst strafrechtlicher Verfolgung ausgesetzt waren.

»Ohne Thomas Drake«, hat Snowden einmal gesagt, »hätte es keinen Edward Snowden gegeben.« Aber Cranes Geschichte legt die Vermutung nahe, dass es noch ein weiteres Glied in der Kette gibt. Wäre es John Crane gelungen, das Whistleblowing-System des Pentagon dazu zu bringen, so zu funktionieren, wie es immer behauptet wurde, wäre Drake vielleicht nicht zu einem unheilverkündenden Beispiel für Snowden geworden, das ihm zeigte, wie er seine Whistle-blowing-Pläne *nicht* umsetzen sollte. Mit anderen Worten: Wären die miteinander verwobenen Geschichten von Crane und Drake anders ausgegangen, hätte Snowden sich vielleicht von vornherein nie dazu entschlossen, zum Whistleblower aus zivilem Ungehorsam zu werden.

Crane, ein kräftiger Mann aus Virginia mit grauen Strähnen in seinem akkurat getrimmten Kinnbart, hat verstanden, warum Snowden sich so entschieden hat, bedauert es aber trotzdem. »Ich finde es traurig, dass jemand ins Exil im Ausland gehen muss, weil er das Gefühl hat, die verschiedenen Kanäle, die ihm zur Verfügung stehen, nicht nutzen zu können«, so Crane. »Jemand wie Snowden hätte nicht für unausweichlich halten sollen, sich selbst schaden zu müssen – und zwar nur, um das Richtige tun zu können.«

»So werden Sie Deutschland nie befreien!«

Einige Tage vor dem vierzigsten Geburtstag von John Cranes Großvater versuchte Adolf Hitler zum ersten Mal, die Macht über Deutschland an sich zu reißen. Es war der 8. November 1923, der Abend des »Bürgerbräu-Putschs«. Hitler und vielleicht sechshundert Mitglieder seiner noch jungen Nazi-Partei planten den Umsturz der Weimarer Republik und versammelten sich rings um den Bürgerbräukeller, einen Bierkeller in München, wo Bayerns Generalstaatskommissar Gustav von Kahr eine Rede vor einer großen Menschenmenge hielt. Dann drangen die Rebellen gewaltsam in die Halle ein, um von Kahr gefangen zu nehmen und nach Berlin zu marschieren. Hitler schoss mit seiner Pistole in die Luft und verkündete in jenem frenetischen Tonfall, in dem er später Deutschland und die Welt in einen Abgrund aus Hass und Krieg reißen würde: »Die nationale Revolution hat begonnen!«

Cranes Großvater Günther Rüdel war im Rahmen seiner militärischen Pflichten im Bürgerbräukeller anwesend. Später verfasste er auf acht engbeschriebenen Seiten eine eidesstattliche Erklärung, in der er in einem Augenzeugenbericht den Ablauf des Putsches minutengenau protokollierte.[31] (Günther Rüdel wurde später in dem Prozess, aufgrund dessen Hitler zu fünf Jahren Gefängnis verurteilt wurde, von der Regierung als Zeuge benannt, letzten Endes allerdings nicht in den Zeugenstand gerufen.) Rüdel war der Sohn eines bekannten deutschen Generals und hatte im Ersten Weltkrieg gedient, wofür er mit zwei Eisernen Kreuzen ausgezeichnet worden war. Bis 1923 war er in den Rang eines Hauptmanns der Armee der Weimarer Republik aufgestiegen. In München fungierte er als wichtigster politischer Berater des Generals Otto von Lossow, dem höchstrangigen Offizier der nationalen Armee in Bayern; in dieser Funktion war Rüdel der wichtigste Verbindungsoffizier zwischen von Lossow und von Kahr und kannte deswegen die umfangreiche Kommunikation zwischen den beiden Männern und Hitler.

Da sie argwöhnten, dass Hitler und sein Gefolge einen Putsch planten, drangen General von Lossow und der bayrische Polizeichef Oberst Hans Ritter von Seißer in den Bürgerbräukeller ein, um die weiteren Entwicklungen zu beobachten. Die Leibwächter von Rüdel und Seißer standen neben ihren Chefs und hörten von Kahrs Rede zu, als die Eingangstüren des Bierkellers gewaltsam aufgestoßen wurden und eine Horde bewaffneter Männer unter der Führung von Hitler in den Saal stürmten, während ein vorher abgedecktes Maschinengewehr oben auf der Galerie enthüllt und in Stellung gebracht wurde.

»Hitler, mit vorgehaltener Pistole, rechts und links von Bewaffneten begleitet, den Rock mit Bier übergossen, stürmt über die Tische hinweg auf die Rednertribüne los«, hat Rüdel in seiner eidesstattlichen Versicherung geschrieben. »Als er dicht vor uns ist, greift der Begleitoffizier von Seißers an den Säbel (zieht ihn aber nicht). Sofort richtet Hitler seine Pistole auf dessen Brust. Ich rufe ihm zu: ›Herr Hitler, so werden Sie Deutschland nie befreien!‹ Hitler stutzt, senkt die Pistole und schiebt sich zwischen uns durch zum Rednerpult.«

Hitlers Gefolgschaft schien es zunächst zu gelingen, von Kahr, von Lossow und von Seißer auf ihre Seite zu zeihen. Nachdem sie sich befreien konnten, erklärten die drei, dass ihre Zusagen an die Putschisten durch Waffengewalt erpresst worden waren. Am nächsten Tag marschierte Hitler mit ungefähr 2000 Anhängern vom Bürgerbräukeller im Osten der Stadt zur Feldherrenhalle im Zentrum. Polizeikräfte verhinderten endgültig den Putsch, es gab Tote und Verletzte. Hitler konnte sich absetzen, wurde jedoch zwei Tage später verhaftet.

Rüdel und Hitler waren damit freilich noch nicht miteinander fertig und in den folgenden Jahren würde Rüdel sich immer wieder mit moralischen Dilemmata konfrontiert sehen, die einem heutigen Whistleblower vertraut vorkämen: Wie bringt man seine Loyalität gegenüber einer Institution, die sich schwerer Fehler oder gar Verbrechen schuldig macht, mit dem eigenen Gewissen in Einklang?

Erst als Hitler bereits fast zehn Jahre an der Macht war, quittierte Rüdel, dem seine militärische Karriere wichtig war, seinen Dienst in den deutschen Streitkräften, ungeachtet dessen, was Crane als »Antipathie« seines Großvaters gegen den aufsteigenden Despoten bezeichnete. Warum nicht früher? Cranes Erzählung der Familiengeschichte erklärt ein Stück weit Rüdels Verhalten: Sein Großvater habe sich »seine Loyalität gegenüber dem Militär als Institution bewahrt«, erzählte mir Crane. Darüber hinaus habe Rüdel angeblich »mehrfach seinen Abschied eingereicht, was aber nicht akzeptiert wurde«.

Dennoch hätte Rüdel sich vermutlich entscheiden können, das Militär zu verlassen – was er aber nicht tat. Stattdessen machte er Karriere in der deutschen Luftwaffe, bis er dort die führende Position eines Inspekteurs der Flakartillerie und des Luftschutzes erreicht hatte, die er in den ersten beiden Jahren des Zweiten Weltkriegs innehatte. Er wurde zum Viersternegeneral befördert, und zwar unter anderem, weil er an der Entwicklung der 8,8-cm-FlaK beteiligt war, einer Flugabwehrkanone, die als eine der wichtigsten Innovationen der Kriegsführung im 20. Jahrhundert gilt. Crane meint: »Viele der hochrangigen Offiziere waren Antifaschisten, die sich als konstruktives Bollwerk gegen Hitlers Wahnsinn sahen.« Freilich hätte dieser Wahnsinn nicht ohne die Beteiligung von Militärs wie Rüdel um sich greifen können, der – seinen möglicherweise vorhandenen persönlichen Skrupeln zum Trotz – auch weiterhin Befehle ausführte.

Jedenfalls scheint es so, dass Hitler Rüdel nie ganz vertraut hat, und dieses Gefühl beruhte durchaus auf Gegenseitigkeit. »Als Führer redete Hitler die meisten seiner führenden Offiziere mit Nachnamen an«, sagt Crane. »Mein Großvater war der Einzige, bei dem er das nicht tat. Die anderen Befehlshaber machten sich hin und wieder darüber lustig. Meinen Großvater redete Hitler immer mit ›Herr General‹ an.«

Im Jahr 1942 entband Hitler Rüdel von seinem Kommando – »als Hitler dachte, er habe den Krieg gewonnen«, sagt Crane. Rüdel befürchtete das Schlimmste und zog mit seiner Familie in ein katholisches Pfarrhaus auf dem Land unweit von München, um dort bis zum Ende des Krieges zu leben.

Ungeachtet der moralisch zweifelhaften Geschichte seines Großvaters war es der Mut, mit dem der sich am Abend des Bürgerbräu-Putschs Hitler entgegengestellt hatte, der Crane beinahe ein halbes Jahrhundert später inspirierte, als seine eigene Stunde der Wahrheit gekommen war. Ganz so wie der Flügelschlag eines Schmetterlings unvorhersehbare Effekte auf der anderen Seite der Welt auslösen kann, wirkte Rüdels mutiger Akt über die Grenzen von Zeit und Raum hinweg und ermutigte seinen Enkel, sich in einer erbitterten, im verborgenen geführten Schlacht zu behaupten, in der es darum ging, wie das Pentagon mit Whistleblowern wie Drake und Snowden umgehen sollte.

»Wir waren die Guten«

Cranes Vater, ein US-Amerikaner, lernte dessen Mutter kennen, während er nach dem Krieg in Deutschland studierte. Nach der Geburt des dritten Kindes (Crane hat eine ältere Schwester und einen eineiigen Zwillingsbruder) zog die Familie in die Vereinigten Staaten um, wo sich sein Vater an der Harvard University einschrieb, um Jura zu studieren. Crane wuchs am Stadtrand von Washington, DC auf und besuchte die James Madison Highschool im Bundesstaat Virginia; er war ein ganz normaler amerikanischer Junge, wenn man davon absieht, dass er zu Hause Deutsch und Englisch sprach.

Sein Vater war Intellektueller aus persönlicher Neigung und Republikaner aus politischer Überzeugung. Er arbeitete unter Präsident Nixon als Analyst für geheimdienstliche Erkenntnisse im US-Außenministerium und später für das konservative Center for Strategic and International Studies (CSIS).

Als für Crane die Zeit gekommen war, seine berufliche Laufbahn zu beginnen, fiel der Apfel nicht weit vom Stamm. Er arbeitete zunächst für eine in Washington ansässige Nichtregierungsorganisation, die militärische Fragestellungen analysierte und verbrachte dann drei Jahre auf dem Capitol Hill als Pressesprecher der Kongressabgeordneten der Republikanischen Partei. Im Jahre 1988 trat er eine Stellung im Büro des Generalinspekteurs im Verteidigungsministerium an.

Dieser Job schien gut zu Cranes Idealismus zu passen. Als Antwort auf die Versuche der Nixon-Regierung, die Bediensteten der Bundesregierung zu politisieren, hatte der Kongress den »Inspector General Act of 1978« verabschiedet, der bei zwölf Bundesbehörden die Stelle eines Generalinspekteurs schuf. Bis 2016 hatte sich die Anzahl der Behörden, die einen Generalinspekteur hatten, auf sechsunddreißig erhöht. (Auch einige Kommunalverwaltungen, Bundesstaatsregierungen und private Unternehmen hatten einen Generalinspekteur.) Ein Generalinspekteur ist eine Art interner Richter und Polizeichef, der dafür sorgen soll, dass die betreffende Behörde im Rahmen des geltenden Rechts arbeitet – sie muss Regeln und Gesetze befolgen und durchsetzen und die vom Kongress bewilligten Mittel effizient ausgeben.

Das Büro des Generalinspekteurs war also der passende Ort, um dort eine Whistleblower-Einheit einzurichten. Seit Inkrafttreten des »Whistleblower Protection Act of 1989« waren alle Bediensteten der Bundesregierung aufgefordert, einen Whistleblower-Bericht einzureichen, wenn ihnen ein Gesetzesverstoß, eine erhebliche Geldverschwendung, ein krasser Autoritätsmissbrauch oder eine »erhebliche und spezifische« Gefahr für die öffentliche Gesundheit oder Sicherheit bekannt wurde. Das Gesetz versprach, jeden, der sich so offenbarte, zu schützen: Die Identität des Whistleblowers sollte geheim gehalten werden, und er konnte nicht heruntergestuft, entlassen oder auf andere Weise dafür bestraft werden, dass er den Mund aufgemacht hatte. Der republikanische Senator Charles Grassley aus Iowa, Cosponsor des Gesetzentwurfs, erklärt: »Im jetzigen System entscheidet sich die ganz überwiegende Mehrzahl aller Bediensteten, Fälle von Fehlverhalten, die ihnen bekannt werden, nicht aufzudecken, weil sie Vergeltungsmaßnahmen befürchten, und das Ergebnis ist eine enorme Verschwendung von Steuermitteln. Es darf nicht zugelassen werden, dass Funktionäre der Regierung ihr Fehlverhalten vertuschen, indem sie eine so feindselige Umgebung schaffen.«[32]

Schon vor 2004 war Crane zum stellvertretenden Generalinspekteur befördert worden. In dieser Funktion beaufsichtigte er alle Aktivitäten des Pentagon zur Untersuchung und zum Schutz von Whistleblowern. »Im Büro des Generalinspekteurs waren wir die Guten«, sagte Crane. »Wir wollten Transparenz fördern, damit die Führungsebene im Bilde war, wenn es Probleme gab, um die wir uns kümmern mussten. Und wir wollten erreichen, dass die gesamte Organisation (das Verteidigungsministerium) sich an die vom Kongress verabschiedeten Regeln und Gesetze hält.«

Crane nahm das Gebot, Whistleblower zu schützen, so ernst, dass er ständig in seiner Brusttasche ein Exemplar der Unabhängigkeitserklärung der Vereinigten Staaten und der

Verfassung bei sich trug, außerdem eine Broschüre mit dem »Whistleblower Protection Act of 1978«. »Ich habe diese Broschüre drucken lassen, damit die Mitarbeiter im Büro des Generalinspekteurs das Gesetz, das sie durchsetzen sollen, im Wortlaut lesen können«, hat er mir erzählt.

Im Dezember 2004 – also neun Monate, nachdem Crane die Leitung des Whistleblower-Büros im Pentagon übernommen hatte – gab das Büro einen geheimen Untersuchungsbericht zur Beschwerde der NSA 4 + 1 heraus. Weil er Vergeltungsmaßnahmen befürchtete, hatte Drake darum gebeten, in diesem Bericht nicht namentlich genannt zu werden; stattdessen wurde er darin als »hochrangige NSA-Führungskraft« bezeichnet. Die anderen vier Whistleblower – Binney, Wiebe, Loomis und Roark – waren bereits aus dem öffentlichen Dienst ausgeschieden und deswegen weniger besorgt über mögliche Vergeltungsmaßnahmen, obwohl nach dem Gesetz auch ihre Identitäten vertraulich behandelt werden sollten.

Durch die Enthüllungen der NSA 4 + 1 gerieten sie in direkten Konflikt mit Michael Hayden, dem Direktor der NSA, und stellten indirekt die gesamte Haltung der Bush-Cheney-Regierung zur Überwachungs- und Antiterrorpolitik in Frage. Die NSA 4 + 1 hatten ihre erste Whistleblower-Beschwerde vorschriftsgemäß dem Generalinspekteur der NSA übergeben. Im Wesentlichen wurden darin zwei Vorwürfe erhoben.

Der erste: Hayden und die Führung der NSA hatten sich für ein neues Überwachungssystem starkgemacht, mit dem Daten aus Telefongesprächen, E-Mail-Korrespondenz und anderen elektronischen Kommunikationskanälen gesammelt und analysiert werden sollten. Es trug den Codenamen »Trailblazer« und war grotesk überteuert. Trailblazer, so klagten die Whistleblower, sei ein 3,8-Milliarden-Dollar-Fiasko, das viel

besser dazu geeignet sei, Steuergelder in die Kassen der be-
auftragten Konzerne zu schleusen, als die innere Sicherheit
zu schützen. Darüber hinaus erhoben sie den Vorwurf, Hayden und seine Berater hätten sich für Trailblazer entschieden, obwohl ein alternatives System mit dem Codenamen
»Thin Thread«, das von Binney entwickelt worden war, zur
Verfügung stand und nachgewiesenermaßen die gewünsch-
ten Daten erheben konnte, und zwar zu einem Bruchteil der
Kosten.

»Es ging ausschließlich um Geld«, erzählte mir Binney, 74,
und über ein Jahrzehnt später ist immer noch die Wut in seiner Stimme zu hören. »Hayden hat kürzlich behauptet, Thin
Thread habe nicht funktioniert, aber das ist eine Lüge. Wir
haben das Programm bei drei verschiedenen Diensten laufen
lassen, einer davon in Deutschland. Aber die Auftragnehmer
und Hayden wollten es abwürgen, weil es die Rechtfertigung
für ihr Trailblazer-Programm zunichtegemacht hätte. Die Berater der Auftragnehmer kassierten 340 Dollar pro Stunde, das
ergibt fast 700 000 Dollar im Jahr. Sie betrieben Lobbyarbeit,
um uns aus dem lukrativen Auftrag hinauszudrängen – Booz
Allen, Boeing und all die anderen Konzerne am National Busi-
ness Parkway (dem Highway unweit des NSA-Hauptquartiers
in Fort Meade, Maryland) –, denn hätten wir Thin Thread
eingesetzt, dann hätten sie nicht ihre fetten Honorare kassieren können.«

Der zweite Vorwurf: Paradoxerweise habe Trailblazer die
innere Sicherheit der Vereinigten Staaten beeinträchtigt.
Trailblazer sammelt eine solche Unmenge an Rohdaten, so die
NSA 4 + 1, dass die Datenauswerter der NSA damit überfor-
dert waren; sie hatten Probleme, wirklich Wichtiges von Bana-
lem zu trennen, was dazu führte, dass sie entscheidende Hin-

weise nicht erkannten (ein Vorwurf, den auch Drake später erhob, im Hinblick auf die San-Diego-Kidnapper und die Anschläge vom 11. September 2001, wie in Teil Eins dieses Buches beschrieben). »Was sich hier tatsächlich abspielt – und die NSA versucht, das unter den Teppich zu kehren –, ist, dass die Auswerter zu viele Daten haben und nicht wirklich erkennen können, was eigentlich vor sich geht«, erzählte mir Binney.

Joel Brenner, Generalinspekteur der NSA von April 2002 bis September 2006, wies die Whistleblower-Beschwerde der NSA 4 + 1 ab und verteidigte die Korrektheit seiner Aktionen. »Mein Büro hat untersucht, ob das Auswahlverfahren (für Trailblazer) adäquat war, und hat dabei keine Mängel festgestellt«, hat Brenner mir gesagt. »Innerhalb der NSA gab es deutliche Meinungsunterschiede über die jeweiligen Vorzüge der beiden Ansätze ... aber es war nicht die Aufgabe des Generalinspekteurs, eine Managemententscheidung in Frage zu stellen, nachdem dieses Management eine begründete geschäftliche Abwägung getroffen hatte. Es steht dem Generalinspekteur nicht zu, zum Beispiel zu sagen: ›Wissen Sie, General, Sie mögen ja entschieden haben, es so zu machen, aber wenn ich an Ihrer Stelle gewesen wäre, hätte ich es anders gemacht.‹ Der Entscheidungsträger muss dokumentieren, dass das Gesetz eingehalten wurde, mehrere Alternativen erwogen wurden und eine begründete Entscheidung getroffen worden ist. Das hat die NSA getan.«

»Ich finde diese Vorwürfe so ermüdend«, sagte mir Hayden als Reaktion auf Binneys Anschuldigungen. Und über Thin Thread sagte er außerdem: »Wir haben es getestet. Es hatte Performance-Probleme. Und es ließ sich nicht skalieren. Wir haben gewisse Elemente daraus in andere Modernisierungsprogramme übernommen. Die NSA hat durchaus ihre Fehler, aber dazu zählt nicht, gute technische Lösungen zu verwerfen. … Bitte nehmen Sie zur Kenntnis, dass (Thin Thread) NICHT das offiziell verwendete Programm war, als ich (zur NSA) kam, und dass nicht nur ich, sondern auch mein Nachfolger es NICHT zum offiziell verwendeten Programm gemacht haben. Hmm. Haben Sie sich schon einmal gefragt, warum das wohl so war?«

Brenner legt großen Wert auf die Feststellung, dass er nicht damit einverstanden war, wie später gegen Drake vorgegangen wurde. »Ich finde es nicht gut, was Drake getan hat (als er mit der Presse sprach), aber er wurde viel zu massiv angeklagt«, sagt Brenner. »Seine Übertretung hätte als minderschweres Vergehen verfolgt werden sollen, oder sogar nur auf administrativer Ebene. Es war ungerecht, ihn als Spion anzuklagen. … Solche Entscheidungen untergraben die Glaubwürdigkeit von Anklagen wegen Spionage, die wirklich gerechtfertigt sind. Außerdem machen sie Menschen, die mit ihrer Regierung nicht einverstanden sind, zu Feinden der Regierung, was zutiefst tragisch im eigentlichen Sinne des Wortes ist.«

Nachdem Brenner ihre Beschwerde abgewiesen hatte, gingen die NSA 4 + 1 eine Ebene höher in der bürokratischen Hierarchie und reichten dieselbe Beschwerde im Büro des Generalinspekteurs im Verteidigungsministerium ein. Dort kamen Crane und sein Stab zu einem beinahe diametral entgegengesetzten Schluss wie Brenners Büro: Die beiden vorstehend zusammengefassten Vorwürfe wurden von ihnen »im Wesentlichen bestätigt«, so sagte mir Crane. Darüber hinaus bestätigten sie auch eine dritte Behauptung, die erst im Laufe ihrer Gespräche mit den NSA 4 + 1 Gestalt annahm – und die schlagartig in den Mittelpunkt der öffentlichen Diskussion rücken sollte, als Snowden 2013 an die Öffentlichkeit ging.

Das Trailblazer-Überwachungsprogramm, so behaupteten die NSA 4 + 1, verstoße gegen den vierten Zusatz der US-Verfassung, weil es die Telefon-, E-Mail- und Internet-Kommunikationsdaten von US-Bürgern sammele, ohne dass vorher eine entsprechende Anordnung eines Bundesrichters eingeholt worden sei. Binney sagte mir: »Ja, damit habe ich schon ein Problem. Es ist kriminell. Es ist verfassungswidrig. ... Deswegen bin ich von dort fortgegangen, so schnell ich konnte, weil ich dabei nicht zum Mittäter werden wollte.« Binney sagt, sein »Thin Thread«-Programm hätte dieses Problem vermieden, weil er eine Routine darin eingebaut hatte, die die Identitäten von US-Bürgern, deren Kommunikation überwacht wird, unkenntlich macht und so ihre Privatsphäre schützt (obwohl die NSA solche Identitäten immer noch herausfinden konnte, wenn es ihr gelang, einen Richter davon zu überzeugen, das Aufdecken dieser Daten zu verfügen).

»Schon bevor wir die Beschwerde (der NSA 4 + 1) untersucht haben, hatten wir diese verfassungsrechtlichen Probleme im Blick«, sagte Crane über sein Team. »Uns lagen andere Whistleblower-Beschwerden vor, die dieses Problem zeigen, vor allem über das ›Terrorism Information Awareness Program‹ (›Programm zur Bewusstseinsbildung über Informationen zum Terrorismus‹), über das sich auch der Kongress besorgt gezeigt hatte.«

Unterstützt durch die Entscheidung von Cranes Büro schien die Beschwerde der NSA 4 + 1 zunächst Erfolg zu haben: Sie ermutigte den Kongress, Trailblazer zu stoppen.

Der Kongress hatte nach den Terroranschlägen vom 11. September 2001 die Ausgaben für Militär und Geheimdienste drastisch hochgefahren, aber auch eine Warnung an die NSA ausgesprochen: Die NSA habe ihre notorisch unzulänglichen Beschaffungs- und Buchhaltungspraktiken zu verbessern, sonst müsse sie mit Konsequenzen rechnen. Nachdem der Militärausschuss des Senats zu dem Schluss gekommen war, es seien »unzureichende Fortschritte« erzielt worden, ergriff der Kongress 2003 einen außergewöhnlichen Schritt: Praktisch nahm er der NSA ihre Kreditkarte weg und übertrug ihre Ausgabenbefugnis für millionenschwere Programme an den Staatssekretär für Rechnungsprüfung am Verteidigungsministerium.

Als Cranes Büro sich ein Jahr darauf hinter die Anschuldigungen der NSA 4 + 1 stellte, war das der letzte Tropfen, der das Fass zum Überlaufen brachte. Selbst Kongressabgeordnete, die traditionell dem militärisch-industriellen Komplex sehr zugetan waren und ihm enorme Summen zugeschanzt hatten, ohne viele Fragen zu stellen, waren beunruhigt durch die fortgesetzten Kostenüberschreitungen von Trailblazer. Hayden wurde auf den Capitol Hill zitiert, wo er einräumen musste, dass Trailblazer »mehrere hundert Millionen Dollar« über dem Budget lag und etliche Jahre hinter dem Zeitplan. Im Jahr 2006 stoppte der Kongress das Programm.[33]

Für die NSA 4 + 1 und Crane war dieser vermeintliche Sieg jedoch nur der Anfang einer finsteren, verschlungenen Saga, die ihre Leben für immer verändern würde. Und da die illegalen Überwachungsmaßnahmen mit anderen Mitteln weitergingen, nachdem Trailblazer eingestellt worden war, rief diese Saga schließlich einen jungen NSA-Auftragnehmer auf die Bühne der Geschichte, der Edward Snowden hieß.

Es ist etwas faul im Büro
des Generalinspekteurs

Für John Crane war die erstaunlichste Erkenntnis im Bericht seines Teams über die NSA 4 + 1 nicht etwa, dass verfassungswidriger Missbrauch oder milliardenschwere Kostenüberschreitungen stattgefunden hatten, sondern vielmehr der Umstand, dass einer der Whistleblower wiederholt die Befürchtung geäußert hatte, dass sie mit Vergeltungsmaßnahmen rechnen mussten, weil sie den Mund aufgemacht hatten. Laut Bundesrecht waren sie ausdrücklich vor solchen Vergeltungsmaßnahmen geschützt, weil es die Anonymität eines Whistleblowers garantiert; bald stellte Crane jedoch fest, dass er für dieses grundlegende Prinzip des Whistleblower-Gesetzes kämpfen musste, weil seine Vorgesetzten wiederholt von ihm forderten, dagegen zu verstoßen.

Die Tatsache, dass der Bericht über die NSA 4 + 1 ausdrücklich auf die Gefahr von Repressalien hinwies, war »ausgesprochen ungewöhnlich«, so Crane. Sie bedeutete für ihn, dass die Ermittler in diesem Fall »einen Punkt besonders hervorheben« wollten – und dass die Befürchtungen der Whistleblower völlig zu Recht bestanden.

Deswegen hielt er weitere Ermittlungen für zwingend erforderlich, so sagte mir Crane, die aber nach seinen Angaben von Henry Shelley, dem Chefjustiziar des Generalinspekteurs, verhindert wurden. Crane zufolge beruhte Shelleys Weigerung vor allem auf einer starken Abneigung gegenüber dem Mann, der diese Ermittlungen durchgeführt hätte: Dan Meyer, Direktor der Civilian Reprisal Investigations Unit (»Ermittlungseinheit für zivile Vergeltungsmaßnahmen«) im Büro des Generalinspekteurs. Meyer, ein früherer Offizier der Navy, machte keinen Hehl daraus, dass er schwul ist, was Shelley, ein Reserveoffizier der Navy, angeblich abstoßend fand.

Darüber hinaus war Meyer früher schon einmal als Whistle-blower hervorgetreten, nachdem er 1989 eine Explosion auf der USS *Iowa* überlebt hatte, die 47 Besatzungsmitglieder das Leben gekostet hatte. Als es im Zuge der Ermittlungen der Navy so aussah, als solle die Schuld an der Explosion auf eine heimliche homosexuelle Liebschaft geschoben werden, die in die Brüche gegangen war, trat Meyer als Augenzeuge auf, der diese Schlussfolgerung in Frage stellte. Bei einer zweiten Untersuchung der Navy wurde diese Anschuldigung zurückgezogen. Shelley hatte Crane angeblich erzählt, dass er Meyers Zeugenaussage als Angriff auf die Navy als Institution betrachtete, und dass er sich als Reserveoffizier der Navy persönlich beleidigt fühlte.[34]

Wie bereits erwähnt hat Shelley es abgelehnt, für dieses Buch interviewt zu werden. Das gilt auch für Lynne Halbrooks, die sich angeblich hinter Shelley stellte und dadurch mit Crane in Konflikt geriet, in ihren Funktionen als stellvertretende Generalinspekteurin und als geschäftsführende Generalinspekteurin des Pentagons. Daher beruht die folgende Darstellung in weiten Teilen auf den Erinnerungen von Crane, die allerdings durch die Ermittlungsakten und meine zusätzlichen Interviews mit anderen Beteiligten gestützt werden. Ich habe mein Bestes getan, die Richtigkeit dieser Darstellung zu verifizieren und Shelleys Forderung gerecht zu werden, »allen Beteiligten gegenüber fair zu sein«.

»Shelleys Weigerung, (die Angst der NSA-Whistleblower vor Vergeltungsmaßnahmen) zu untersuchen, geht gegen die für den Generalinspekteur geltenden Regeln, und man könnte sich auf den Standpunkt stellen, dass sie auch gegen das

Gesetz geht«, sagt Crane. »Man würde meinen, ein solches Verhalten sei genau das, was wir untersuchen sollen – dass die Leute Angst davor haben, mit uns zu reden, weil dann gegen sie ermittelt wird! Shelley hat gesagt, er wolle nicht, dass Mr Meyer diese Ermittlungen führt, weil ›Meyer eine Schwuchtel ist‹. Ja, diesen Ausdruck hat er ständig benutzt.«

Als Justiziar des Generalinspekteurs bekleidete Henry Shelley einen höheren Rang als Crane und hatte Entscheidungsgewalt über alle Angelegenheiten des Büros des Generalinspekteurs. »Er war der Rechtsanwalt, der für sämtliche Verfahren wegen Vergeltungsmaßnahmen gegen Whistleblower verantwortlich war«, so Crane. »Er konnte also nach Belieben jedes Verfahren stoppen. … Ohne die Unterschrift von Henry Shelley konnte kein Verfahren wegen Vergeltungsmaßnahmen eröffnet und keine Erkenntnisse verwertet werden.«

Crane verlor diese Schlacht, und ein noch größerer Konflikt lag erst noch vor ihm. Nachdem die *New York Times* endlich den brisanten Artikel von James Risen und Eric Lichtblau über die inländischen Überwachungspraktiken der Bush-Cheney-Regierung veröffentlicht hatte, schäumte man im Weißen Haus vor Wut – und war grimmig entschlossen herauszufinden, wer den Journalisten die Informationen zugespielt hatte, auf denen ihr Artikel basierte.

»Nachdem die Story raus war, habe ich Präsident Bush sogar gesagt, dass ich wegen der Ungenauigkeiten in Lichtblaus Geschichten den Verdacht hatte, dass sie lediglich Gerede am Wasserspender gehört hatten«, erzählte mir Hayden. »Und die meisten Wasserspender gab es im Justizministerium.«

Was hat Präsident Bush dazu gesagt?

»Er hat nur den Kopf geschüttelt«, sagte Hayden.

Im Büro des Generalinspekteurs hatte Shelley angeblich einen anderen Verdacht. Crane hat gesagt, bei einem Meeting im Büro des Generalinspekteurs habe Shelley darauf gedrungen, das Justizministerium über die NSA 4 + 1 zu informieren; denn schließlich hatten sie ja in ihrer Whistleblower-Beschwerde genau die Art von Überwachungspraktiken beanstandet, über die der *New York Times*-Artikel berichtet hatte. Crane widersprach entschieden und argumentierte, wenn man irgendjemandem – zumal den Ermittlern des Justizministeriums – die Identität eines Whistleblowers verraten wolle, würde das gegen die gesetzlich garantierte Wahrung der Anonymität von Whistleblowern verstoßen.

Nachdem das offizielle Meeting beendet war, setzten Shelley und Crane ihre Diskussion im Flur vor dem Büro des Generalinspekteurs fort, so erinnert sich Crane. »Ich griff in meine Brusttasche und zog mein Exemplar des Generalinspekteurgesetzes heraus«, sagte Crane. »Ich musste es immer mit mir herumtragen, weil Henry und ich uns so oft stritten. Ich machte mir Sorgen, dass er das Gesetz bricht. Wir sind zwar nicht laut geworden, aber das Gespräch war, sagen wir mal, sehr intensiv und erregt. Henry sagte, er sei Chefjustiziar und in dieser Funktion zuständig für die Beziehungen zum Justizministerium, und er würde die Dinge auf seine Art regeln.«

An dieser Stelle blieb die Diskussion zwischen Crane und Shelley stecken. Zumindest schien es so, bis 18 Monate später, am Morgen des 26. Juli 2007, FBI-Agenten mit gezogener Waffe auf die Häuser von Binney, Wiebe, Loomis und Roark zustürmten, gegen die Eingangstür hämmerten und forderten, eingelassen zu werden. Binney hatte gerade geduscht und war dabei sich abzutrocknen, als die Agenten bis in sein Badezimmer vordrangen und ihn anpöbelten; er und seine Frau blickten plötzlich in die Mündungen von Pistolen, die direkt zwischen ihre Augen zielten, so erinnert sich der NSA-Pensionär.

Hier ist etwas faul, dachte sich Crane und stellte Shelley zur Rede: Hatte er oder jemand anders aus dem Büro des Generalinspekteurs dem FBI die Namen der NSA-Whistleblower verraten? Der von Cranes Stab erstellte Bericht war als geheim eingestuft worden; in der Version, die später veröffentlicht wurde, waren etwa 90 Prozent der Namen geschwärzt worden. Nur sehr wenige Personen konnten die Namen der Whistleblower gekannt haben, und die meisten von ihnen wären im Büro des Generalinspekteurs zu finden gewesen.

Laut Crane weigerte sich Shelley, über diese Angelegenheit mit ihm zu sprechen. Die Fehde eskalierte. Vier Monate später war es Drake, dessen Haus frühmorgens von FBI-Agenten gestürmt wurde, vor den Augen seiner entsetzten Familie. Die Ankläger drohten ihm, er würde den Rest seines Lebens im Gefängnis verbringen, und boten ihm dann einen »plea deal« (»Verständigung im Strafverfahren«) an – ein milderes Urteil, wenn er bereit sei, sich dafür schuldig zu bekennen –, und später sollte er auch noch einen zweiten Deal bekommen. Drake erwiderte: »Ich lehne es ab, um die Wahrheit zu feilschen.«

Im Jahr 2009 drohten Bedienstete des Justizministeriums – die inzwischen einem neuen Präsidenten und Generalstaatsanwalt unterstanden, nämlich Barack Obama beziehungsweise Eric Holder – Drakes Whistleblower-Kollegen mit Gefängnisstrafen. In James Risens 2014 erschienenem Buch *Krieg um jeden Preis: Gier, Machtmissbrauch und das Milliardengeschäft mit dem Kampf gegen den Terror* ist beschrieben, wie Agenten von Roark forderten, sich des Meineids schuldig zu bekennen, einer schweren Straftat, weil sie sie angeblich belogen habe darüber, wer den Reportern von *New York Times* und *Baltimore Sun* Informationen zugespielt hatte. Außerdem forderten sie von ihr, Drake zu belasten und ihm illegales Verhalten vorzuwerfen. Sie weigerte sich.

Binney beschloss zurückzuschießen – und es zu genießen –, nachdem das Justizministerium seinen Anwalt darüber informiert hatte, dass es dabei sei, eine Anklage vorzubereiten. »Ich rief Tom Drake an. Ich wusste, dass das FBI sein Telefon angezapft hatte, und sagte ihm, er solle unbedingt seinem Anwalt sagen, dass ich Beweise hatte, mit denen wir der Regierung ›malicious prosecution‹ (›vorsätzliche willkürliche Rechtsverfolgung‹) nachweisen konnten«, erzählte mir Binney.

Unmittelbar bevor im Jahr 2007 ihre Häuser durchsucht wurden, so erklärte mir Binney, traf er sich mit Wiebe, Loomis und Roark, um mit ihnen über eine Geschäftsidee zu sprechen. Die vier waren davon überzeugt, dass die Algorithmen und anderen technischen Werkzeuge, die für das Thin Thread-Programm entwickelt worden waren, auch eingesetzt werden konnten, um Verschwendung, Betrug und Missbrauch im Medicare-System (staatlich bezuschusste US-Krankenversicherung für Bürger über 65 Jahre und bestimmte andere Gruppen) aufzuspüren. Da die NSA Thin Thread nicht einsetzen wollte, warum sollten sie es dann nicht nutzen, um an anderer Stelle Steuergelder einzusparen und selbst etwas daran zu verdienen? Die Idee mit der »malicious prosecution« war entstanden, weil die Gruppe zwei andere Personen zu ihrem Meeting eingeladen hatte, von denen keine eine Hausdurchsuchung ertragen musste oder mit einer Anklage bedroht wurde. »Ich habe das FBI an der Nase herumgeführt, um meine

Botschaft ins Justizministerium zu bekommen«, sagt Binney. »Und siehe da, einen Monat nach meinem Telefongespräch mit Drake erhielten wir jeder einen Brief, in dem uns unsere politische Immunität bescheinigt wurde.« (Außer Drake natürlich, der ja nicht an dem Meeting teilgenommen hatte.)

Dann geriet Crane wieder mit seinen Vorgesetzten aneinander. Nachdem gegen Drake Anklage erhoben worden war, beantragten seine vom GAP gestellten Anwälte Akteneinsicht nach dem »Freedom of Information Act« (FOIA, »Gesetz zur Informationspflicht von Behörden«) in alle Unterlagen, die etwas mit der vom Generalinspekteur am Pentagon geführten Untersuchung der Whistleblower-Beschwerde der NSA 4 + 1 zu tun hatten. Es gehörte zu Cranes Aufgaben, solche FOIA-Anträge zu bearbeiten. In diesem Fall wurde er angewiesen, die betreffenden FOIA-Dokumente erst *nach* Drakes Prozess herauszugeben. Crane hat mir erzählt, dass diese Anweisung, die Drakes Kampf um Gerechtigkeit behinderte, sowohl von Shelley als auch von Halbrooks kam, die acht Monate zuvor zur ersten stellvertretenden Generalinspekteurin ernannt worden war. Crane lehnte das entschieden ab, aber auch diese Auseinandersetzung verlor er.

Eine neue Schlacht begann, als Crane einen Brief erhielt, und zwar zu »einer der potentiell brisantesten Angelegenheiten, mit denen ich in meiner Laufbahn im Büro des Generalinspekteurs am Verteidigungsministerium jemals zu tun hatte.« Im Dezember 2010 ging das GAP in die Offensive und legte Beschwerde dagegen ein, dass Drake wegen seiner Beteiligung an der Whistleblowing-Aktion der NSA 4 + 1 belangt wurde. In GAPs Beschwerde wurde darauf hingewiesen, dass viele der Anklagepunkte, die Drake zur Last gelegt wurden, »teilweise oder ganz auf Informationen beruhten, die

Mr Drake dem Generalinspekteur (im Verteidigungsministerium) zur Verfügung gestellt hatte«, während dieser wegen der Beschwerde der NSA 4 + 1 ermittelte.

Crane war alarmiert und empört. Die GAP-Beschwerde schien seinen Verdacht zu erhärten, dass jemand im Büro des Generalinspekteurs Drake an die Ermittler des Justizministeriums verraten hatte. Noch schlimmer war jedoch, dass die unverwechselbare Korrespondenz, die zwischen Anklageerhebung gegen Drake und seiner Zeugenaussage gegenüber Cranes Stab stattgefunden hatte, darauf hindeutete, dass nicht nur Drakes Name, sondern seine gesamte Zeugenaussage weitergegeben worden war – ein eklatanter Rechtsbruch. Der Whistleblower Protection Act fordert, dass die Regierung die Identität eines Whistleblowers schützen muss, wenn es nicht, Zitat, »›unvermeidlich‹« ist, seine Identität zu enthüllen, erklärt Devine. »Wir haben den Verdacht, dass diese Enthüllung absichtlich geschah.«

Drakes Beschwerde gegen die Vergeltungsmaßnahmen, denen er sich ausgesetzt sah, machten eine Untersuchung erforderlich, sagte Crane zu Halbrooks. Laut Crane lehnte Halbrooks mit Shelleys Unterstützung diese Forderung von Crane ab; dann sagte sie noch, er würde sich nicht als »guter Teamplayer« verhalten, und wenn er sich nicht bald am Riemen reiße, würde sie ihm das Leben zur Hölle machen.

Einen Richter anzulügen
ist natürlich eine Straftat

Dann kam eine erstaunliche Wendung, die das gesamte Büro des Generalinspekteurs unter strafrechtlichen Verdacht geraten ließ. Drakes Prozess rückte immer näher, und nach dem Gesetz musste seine Beschwerde gegen Vergeltungsmaßnahmen irgendwie beantwortet werden. Das würde allerdings schwierig werden, so Shelley zu Crane, da die relevanten Dokumente vernichtet worden seien. Laut Crane hatte Shelley ihm gesagt, dass niederrangige Mitarbeiter »Mist gebaut hatten«: Sie hätten die Dokumente bei einer routinemäßigen Ausdünnung des riesigen Archivs von vertraulichem Material im Büro des Generalinspekteurs geschreddert.

Crane wollte buchstäblich seinen Ohren nicht trauen, so erinnert er sich. »Ich sagte Henry, dass die Vernichtung von Dokumenten unter solchen Umständen, wie er sehr wohl wisse, eine sehr ernste Angelegenheit sei, die dazu führen konnte, dass der Generalinspekteur beschuldigt wird, Ermittlungen in einem Strafverfahren zu behindern.« Laut Crane erwiderte Shelley, dass das nicht zu einem Problem werden müsse, wenn alle Beteiligten sich wie gute Teamplayer verhielten.

Am 15. Februar 2011 schickten Shelley und Halbrooks dem Vorsitzenden Richter in dem Verfahren gegen Drake einen Brief, in dem sie die Entschuldigung wiederholten, die sie bereits Crane gegenüber vorgebracht hatten: Die angeforderten Dokumente seien bei einer routinemäßigen Ausdünnungsaktion versehentlich vernichtet worden. Diese routinemäßige Ausdünnung, so versicherten sie Richter Richard D. Bennett in ihrem Brief, habe *vor* der Anklageerhebung gegen Drake stattgefunden.

»Zu diesem Zeitpunkt hatten Lynne und Henry mich bereits kaltgestellt, sodass ich keinen Einfluss mehr auf den Inhalt ihres Briefes an Richter Bennett hatte«, sagt Crane. Später behauptete Crane in seiner eigenen Whistleblower-Beschwerde, dass Halbrooks und Shelley den Richter in dem Verfahren gegen Drake angelogen hätten. Crane hat mir gesagt: »Einen Richter in einem Strafverfahren anzulügen ist natürlich eine Straftat.«

»Es ist ein schweres Vergehen, in einer solchen Situation einen Richter anzulügen«, erklärt Devine und zitiert Titel 18 (Strafrecht), § 1001 des US Code, der unter Juristen als »Falschaussage-Paragraph« bekannt ist. Auf die Frage, wie ein erfahrener Topanwalt wie Henry Shelley es wagen konnte, eine solche Übertretung zu begehen, lächelt Devine und antwortet: »Menschen, die es eigentlich besser wissen müssten, können durch ihre eigene Arroganz geblendet werden. Auf diese Weise werden solche Leute ertappt – sie werden nachlässig.«

Letztlich fiel die Klage der Regierung gegen Drake in sich zusammen, allerdings nicht wegen der mutmaßlich von Shelley und Halbrooks begangenen Behinderung der Justiz, von der seinerzeit noch nichts bekannt war; vielmehr hatten außerdem noch andere Betrügereien stattgefunden. So wurde zum Beispiel in einem der Anklagepunkte behauptet, Drake habe illegalerweise geheime Dokumente aus seinem Büro entfernt und mit nach Hause genommen. Aber zu dem Zeitpunkt, als Drake diese Unterlagen mit nach Hause nahm, waren sie noch nicht als geheim eingestuft gewesen; das heißt, dass die Ankläger anscheinend NSA-Funktionsträger veranlasst hatten, *sie nachträglich als geheim einzustufen.* Richter neigen dazu, auf solche Vorgänge mit Stirnrunzeln zu reagieren.

Die Ankläger boten Drake schließlich einen dritten, wesentlich weniger belastenden »plea deal« an: Alle Anklagepunkte wegen schwerer Vergehen würden fallengelassen, wenn Drake bereit sei, sich einer Ordnungswidrigkeit schuldig zu bekennen, nämlich, unzulässigerweise Dokumente der Regierung auf seinem heimischen Computer gespeichert zu haben. Diesen Deal akzeptierte Drake.

Als es für Richter Bennett an der Zeit war, ein Urteil zu fällen, verdammte er die Regierung in sehr deutlichen Worten. Der Richter fand es »außergewöhnlich«, dass die Regierung in Drakes Haus eingedrungen war, ihn angeklagt hatte, aber dann die Anklage einen Tag vor Prozessbeginn hatte fallenlassen, ganz so, als sei es letzten Endes doch keine so große Sache. Kein US-Bürger, so führte der Richter weiter aus, solle »nach einer Hausdurchsuchung zweieinhalb Jahre warten müssen, um zu erfahren, ob Anklage gegen ihn erhoben wird oder nicht. Ich finde das unerhört. Unerhört. Das geht genau an die Wurzel des Problems, dessentwegen dieses Land gegründet wurde, nämlich, um sich gegen pauschale richterliche Verfügungen der Briten zur Wehr zu setzen. Es war einer der Grundpfeiler der Bill of Rights, dass die Bürger dieses Landes nicht der Gefahr ausgesetzt sein dürfen, dass plötzlich mit Regierungsgewalt ausgestattete Leute an ihre Tür klopfen und in ihr Zuhause eindringen.«

»Dieses Land entwickelt sich immer mehr zu einem Polizeistaat«, sagte Diane Roark dem TV-Nachrichtenmagazin *Frontline* im Jahr 2014. In Anbetracht der »riesigen Datenbank« an Kommunikationsdaten von Bürgern, die die NSA ansammelt, warnte Roark, dass man diese persönlichen Daten »nicht für Zwecke der Strafverfolgung nutzen, sondern gegen politische Feinde einsetzen wird. Und wir sind die Kanarienvögel, wir fünf (die NSA 4 + 1). Wir sind die Kanarienvögel in der Kohlenzeche. Wir haben nie etwas Falsches getan. Das Einzige, was wir getan haben, ist, gegen dieses Programm zu sein. Und dafür haben sie uns einfach plattgemacht.«[35]

»Über sechs oder sieben Jahre einem Ermittlungsverfahren ausgesetzt zu sein«, so Roark weiter, »war eine furchtbare Belastung. Aber es wird sich alles gelohnt haben, wenn die US-Öffentlichkeit fortkommt von dieser Haltung, ›Ich habe nichts zu verbergen.‹ Es ist mir unbegreiflich, wie man so etwas sagen kann. ... Wenn du überhaupt irgendwelche politischen Überzeugungen hast, kann die Opposition sie gegen dich verwenden, sobald sie an der Macht ist.«

»Sie sagen immer: ›Wir tun das, um dich zu schützen.‹«, hat Binney mir erklärt. »Ich werde Ihnen etwas sagen: Das ist genau das, was auch die Nazis in ihrer Notverordnung vom 28. Februar 1933, der sogenannten ›Reichstagsbrandverordnung‹, gesagt haben – wir tun das, um euch zu schützen. Und mit dieser Methode gelang es ihnen, sämtliche politischen Gegner loszuwerden.« Diese Notverordnung berief sich auf Artikel 48 der Reichsverfassung, der zwar schon vor der Machtergreifung Hitlers existiert hatte, aber von ihm am skrupellosesten angewendet wurde. Nachdem der Reichstag in der Nacht vom 27. auf den 28. Februar 1933 in Brand gesetzt worden war, behauptete Hitler, der von einer parlamentarischen Koalition im Rahmen einer Vereinbarung zur Teilung der Macht zum Reichskanzler ernannt worden war, diese Brandstiftung sei der Beginn einer kommunistischen Revolution. Er setzte Reichspräsident von Hindenburg unter Druck, sich auf Artikel 48 (Notstand) der Reichsverfassung zu berufen, der die Versammlungsfreiheit, Habeas Corpus (Anspruch des Bürgers auf Haftprüfung durch einen Richter), Pressefreiheit und andere bürgerliche Freiheiten außer Kraft setzte. Dann verhafteten die Nazis viele Kommunisten und andere politische Gegner oder neutralisierten sie auf andere Weise. Indem er sich auf Artikel 48 berief, konnte Hitler behaupten, er handle im Rahmen des geltenden Rechts, obwohl er dabei war, eine brutale Diktatur zu installieren. Die Lektion daraus: Personen, die autoritäre Macht anstreben, erfinden oder übertreiben in vielen Fällen Terrorschreckgespenste, um die Öffentlichkeit in Panik zu versetzen, sodass sie die (angeblich) vorübergehende Aussetzung ihrer bürgerlichen Freiheiten hinnehmen.

»Wissen Sie, dass die Russen jetzt das kopieren, was wir machen, mit ihrem SORM-Programm?«, fragt mich Binney. »Die NSA hat diese Techniken von einem totalitären System (der Staatssicherheit der DDR) übernommen, und jetzt übernehmen die Russen sie von uns. Totalitäre Staaten ahmen uns nach, ist das nicht großartig?«, sagt er voller Sarkasmus.

Vergleiche zwischen Praktiken der US-Regierung und solchen von totalitären Despoten und Nazis, Warnungen über einen entstehenden »Polizeistaat« – das sind starke Worte, und daher sollte man sich daran erinnern, wer sie ausgesprochen hat. Binney, Roark und die anderen Whistleblower der

NSA 4+1 waren keineswegs linksradikale Friedensspinner. Vielmehr hatten sie ihr Berufsleben innerhalb des US-Geheimdienstapparates verbracht – um, so dachten sie zumindest, das Heimatland zu schützen und die Verfassung zu verteidigen. Sie waren erklärtermaßen politisch konservativ, sie waren sehr gebildet, respektierten Sachbeweise und wählten ihre Worte mit Bedacht. Und sie sagten aufgrund eigener Erfahrungen, dass die Regierung der Vereinigten Staaten von Kriminellen übernommen worden sei, die sich die imposanten Machtbefugnisse der Regierung für ihre eigenen verwerflichen Zwecke zurechtbogen. Sie sagten, dass Gesetze, Verordnungen und technische Einrichtungen heimlich installiert worden seien, welche die Gefahr heraufbeschworen, dass die demokratische Regierungsform, die für US-Bürger selbstverständlich geworden war, umgestürzt werden und ihre Freiheiten verschwinden könnten. Und sie sagten, das man etwas gegen das alles tun müsse, bevor es zu spät sei.

Binney hält den früheren US-Vizepräsidenten Dick Cheney für die wichtigste treibende Kraft hinter dem, was Binney als »Totalitarismus« in den Vereinigten Staaten bezeichnet. Innerhalb der NSA, so hat Binney mir gesagt, wurde »Stellar Wind«, ein Programm zur massenhaften Überwachung, als »Blutschwur auf Cheney« bezeichnet. Jeder der wenigen Funktionäre, die autorisiert waren, auch nur von der Existenz dieses Programms zu wissen, wusste nur allzu gut, dass es aus dem Büro des Vizepräsidenten kam und dass er es bitter bereuen würde, wenn er davon auch nur ein Sterbenswörtchen an die Öffentlichkeit dringen ließ. »Es ist wie in einem alten Western«, erklärt Binney, »wenn Cowboy und Indianer ihre Handballen aufritzen, ihr Blut miteinander vermengen und sich dann Blutsbrüderschaft bis in alle Ewigkeit schwören.«

Dieser »Blutschwur auf Cheney« war eine noch extremere Version des Geheimhaltungskults, der schon seit langer Zeit die Kreise des US-Militärs und der Geheimdienste durchdrang. Als John Crane die ersten paar Male Bereiche des Pentagons betrat, wo strenggeheime Geheimdienstoperationen im Gang waren, sah er diese Geisteshaltung in Aktion. Crane selbst hatte alle erforderlichen Topsicherheitsfreigaben, und er kannte die Passwörter, die notwendig waren, um Türen zu öffnen und ähnliches mehr. Dennoch wurde er behandelt wie ein Aussätziger.

»Ich ging im Gebäude herum, und ich trug mein (Sicherheits-)Abzeichen«, erinnert er sich. »Manchmal passierte es, dass Geheimdienstleute, die mich nicht kannten, in ihren Arbeitsboxen aufsprangen und riefen: ›Unsauber! Unsauber!‹ Und dann klappten alle anderen im Raum sofort ihre Notebooks zu und weigerten sich, mit mir zu sprechen. Das ist der Geheimhaltungskult: Wenn du dem Kult nicht angehörst, darfst du überhaupt nicht dort sein. Die ersten paar Male, als mir das passiert ist, war ich total erschrocken. Ich lernte, dass ich mein ›No Escort Required‹-Schild (›Kein Begleiter erforderlich‹) gut sichtbar tragen muss, weil sonst Missverständnisse entstehen.«

In seinen Jahren als hochrangiger Berater von Pentagon und Weißem Haus hatte Daniel Ellsberg eine ähnliche Geisteshaltung erlebt; diese Erfahrungen ließen ihn zu der Überzeugung gelangen, dass zu viel Geheimhaltung nicht nur der Demokratie schadet, sondern auch der Fähigkeit des Präsidenten und seiner Topberater, eine wohlinformierte Politik zu betreiben. In seiner Autobiographie vertritt Ellsberg die Auffassung, das Vietnam-Debakel habe gezeigt, »wie dieses System von Geheimhaltung und Lügen (einem Präsidenten) Optionen eröffnen kann, die er besser nicht haben sollte.« Exzessive Geheimhaltung mache es »dem Präsidenten schwerer zu widerstehen, wenn er vom Militär unter Druck gesetzt wird. Geheimhaltung vor der Öffentlichkeit führt (auch) dazu, dass Gegendruck aus dieser Richtung ausbleiben muss.«

Ellsberg versuchte, Henry Kissinger über die sirenenartigen Verlockungen von Geheimhaltung zu warnen, als die beiden Männer noch ein freundschaftliches Verhältnis pflegten. Ende 1968, nachdem Nixon zum Präsidenten gewählt worden war und angekündigt hatte, er werde Henry Kissinger zu seinem Nationalen Sicherheitsberater berufen, traf Ellsberg sich mit Kissinger und warnte ihn vor einer psychischen Herausforderung, von der Ellsberg sagte, er selbst hätte sich gewünscht, vorher von jemandem davor gewarnt worden zu sein: die schwindelerregende Erfahrung, »einen ganzen Haufen spezieller Sicherheitsfreigaben zu bekommen ... die noch höher eingestuft sind als › Top Secret‹.« Zuerst, erklärte er Kissinger, »werden Sie manche der neuen Informationen (zu denen Sie durch diese Freigaben Zugang erhalten) ganz aufregend finden. Dieses Gefühl«, so Ellsberg weiter, »wird vielleicht zwei Wochen anhalten. Aber dann, wenn Sie sich daran gewöhnt haben, Zugang zu all diesen neuen Informationen zu haben, werden Sie vergessen, dass es jemals eine Zeit gegeben hat, in der es nicht so war, und Sie werden sich nur noch des Umstandes bewusst sein, dass Sie jetzt diesen Zugang haben und die meisten anderen nicht, und dass diese *anderen* Menschen einfältige Trottel sind. ... (Deswegen wird es) sehr schwierig für Sie werden, etwas von anderen Menschen zu *lernen*, die diese Sicherheitsfreigaben nicht haben.«

»Cheney begann seine Karriere in der Nixon-Zeit«, stellt Binney fest und bezieht sich dabei auf Cheneys Anfänge als niederrangiges Stabsmitglied im Weißen Haus unter Nixon. »Er wollte die gleiche Art von Informationen über seine politischen Feinde bekommen wie Nixon sie mit seinen geheimen Überwachungsprogrammen gewann: COINTELPRO war das Programm des FBI, die CIA setzte CHAOS ein, und die NSA ein Programm namens ›Minaret‹. Mithilfe von ›Minaret‹ wurde Frank Church ausspioniert (der demokratische Senator aus Idaho, der in den 1970er-Jahren den Untersuchungsausschuss des Kongresses geleitet hatte, dessen Erkenntnisse zu Einschränkungen der Operationen von US-Geheimdiensten geführt hatten). Übrigens hasste Cheney diese Einschränkungen. Ich schätze, dass Nixon nur ein paar Tausend Personen ausspionieren konnte. Durch technologische Fortschritte können heute dieselben drei Dienste etwa 270 Millionen US-Bürger ausspionieren – das ist die Zahl der Menschen, die Mobiltelefone, Telefon-Festanschlüsse, Desktop- oder Notebook-Computer oder Kreditkarten nutzen.«

Obwohl es Cheney war, der diese Programme eingeführt und enorm erweitert hatte, wurde unter Obama weiterspioniert. Zwar wurden einige Einschränkungen eingeführt, aber sie waren so moderat, dass Michael Hayden sie mit jungenhafter Erleichterung begrüßte. Der »USA FREEDOM Act«, den Obama 2014 unterzeichnete, enthielt zwei Reformen. Die erste bestand darin, dass die Regierung nicht mehr die Verbindungsdaten sämtlicher innerhalb der Vereinigten Staaten geführten Telefongespräche speichern durfte; vielmehr sollen solche Metadaten bei den Telekommunikationsnetzwerkbetreibern selbst gespeichert werden. (Die Bush-Cheney-Regierung hatte darauf bestanden, dass die Netzwerkbetreiber der NSA erlauben, ihre Datenleitungen direkt anzuzapfen.) Die zweite Reform verpflichtete die NSA, eine individuelle richterliche Verfügung einzuholen, bevor sie auf solche Daten zugreift – eine Rückkehr zum Status quo vor Bush / Cheney. »Und das ist alles, nach zwei Jahren?«, rief Hayden aus. »Cool!«[36]

Man muss bedenken, dass es Obamas Fortsetzung der von Bush und Cheney eingeführten Überwachungsprogramme war, die Snowden motivierte, überhaupt erst an die Öffentlichkeit zu treten. Snowden hatte 2008 nicht Obama gewählt – vielmehr war er ein Fan des libertären Kongressabgeordneten Ron Paul, dessen Sohn, Senator Rand Paul, sich 2016 als Präsidentschaftskandidat der Republikanischen Partei beworben hat. Aber Snowden hatte sich die Schwüre des *Kandidaten* Obama gemerkt, die Überwachungspolitik zu reformieren, und wollte abwarten, ob ein *Präsident* Obama diese Versprechungen einhalten würde. Als Snowden dann jedoch keine echten Verbesserungen erkennen konnte, sondern vielmehr mit ansehen musste, wie Obamas Justizministerium die NSA 4 + 1 – und vor allem Drake – verfolgte und verhaftete, kam er zu dem Schluss, dass es ein Fehler gewesen war, allen Zweifeln zum Trotz an Barack Obama zu glauben. Jetzt wurde es Zeit für ihn, zu handeln. »(Präsident Obama) könnte schon morgen die massenhafte Überwachung mit einem Federstrich beenden«, hat Snowden später einmal gesagt, womit er sich auf Obamas Befugnis bezog, eine »executive order« (Verfügung des Präsidenten ohne Zustimmung des Parlaments) zu erlassen. »Wenn ausgerechnet der Präsident nicht willens ist, für unsere Rechte einzustehen, welch eine Botschaft sendet er denn damit aus, an alle Bürger, Kinder und Menschen rund um die Welt, was unsere Werte dieser Regierung tatsächlich bedeuten?«[37]

Doppelmoral ist normal

»Ich sehe Snowden nicht als Helden, aber er hat der Allgemeinheit einen sehr wichtigen Dienst geleistet«, sagt Binney. »Wahrscheinlich sollte er wegen Diebstahls von Re-
gierungseigentum angeklagt werden, aber nicht nach dem
›Espionage Act‹ (›Spionagegesetz‹). Vor dem Gesetz sollten jedoch alle gleich sein – was bedeutet, dass auch Präsident
Bush, Cheney, Hayden und all die anderen, die diese Programme genutzt haben, angeklagt werden sollten. Und dann
sollten auch die (entsprechenden) Funktionäre der Obama-
Regierung angeklagt werden. Wenn man nicht zuerst all diese Leute anklagen will, darf man auch Snowden nicht anklagen.«

Die vorherrschende Doppelmoral ist für Snowden zu einer
zweiten Motivation geworden. Es war kein bestimmter Moment, der ihn die Schwelle überschreiten ließ, so erinnerte er
sich später; vielmehr habe sich bei ihm einfach immer mehr
Wut aufgestaut. Eine besonders empörende Begebenheit, die
er erwähnte, war, dass er mit ansehen musste, wie James Clapper, der »Director of National Intelligence« (»Direktor der
nationalen Nachrichtendienste«), eine direkte Lüge auftisch-
te, als er am 12. März 2013 bei einer Anhörung vor dem US-
Kongress zum Überwachungsprogramm des Präsidenten als
Zeuge aussagte. Ron Wyden, Mitglied der Demokratischen
Partei aus Oregon, der im Geheimdienstausschuss saß und
daher den Funktionsumfang des Programms kannte, fragte
Clapper, ob die Regierung »irgendwelche Daten über Millionen oder Hunderte von Millionen Amerikanern« sammeln
würde. Clappers Antwort: »Nein, Herr Abgeordneter. Nicht
vorsätzlich.« Diese Lüge tischte Clapper absichtlich und vor-

bereitet auf: Am Vortag hatte Wydens Stab ihm die Liste der Fragen, die ihm gestellt werden sollten, zukommen lassen.

Es ist eine Straftat, den Kongress zu belügen, aber Clapper wurde dafür nicht belangt; seine einzige Strafe war die öffentliche Bloßstellung, als seine Lüge durch Snowdens Enthüllungen aufgedeckt wurde. »Die Öffentlichkeit direkt anzulügen, ohne dass es ein Nachspiel hat, ist ein Symptom einer korrumpierten Demokratie«, sagt Snowden. »Die Zustimmung der Regierten kann keine Zustimmung sein, wenn sie nicht informiert ist.«[38]

Bei Vergehen gegen die innere Sicherheit scheint es normal zu sein, dass mit zweierlei Maß gemessen wird: ein Satz Regeln und Strafen für die hohen Tiere, ein anderer fürs Fußvolk. Vier Monate, bevor Clapper den Kongress anlog, trat General David Petraeus, Direktor der CIA, wegen einer Affäre mit seiner Biographin Paula Broadwell zurück. Später wurde allerdings noch ein gravierenderer Grund für seinen Rücktritt bekannt: Ermittler des FBI hatten herausgefunden, dass Petraeus Broadwell hochgeheime Informationen – Codenamen für geheimdienstliche Programme, Kriegspläne, Klarnamen von Geheimagenten – hatte zukommen lassen. Als man ihm das vorhielt, wies Petraeus diese Anschuldigungen zurück.

Es war eine Straftat, im Rahmen einer Ermittlung des FBI zu lügen, was erklären mag, warum einige FBI-Agenten später den ungewöhnlichen Schritt ergriffen, Reportern gegenüber zu sagen, sie seien unzufrieden, weil Petraeus aus ihrer Sicht zu milde bestraft worden sei. Petraeus hatte einen »plea deal« ausgehandelt und sich eines minderschweren Vergehens schuldig bekannt: unerlaubtes Entfernen und Zurückhalten von geheimen Informationen. Er musste nicht ins Gefängnis, seine Strafe wurde auf zwei Jahre zur Bewährung ausgesetzt, und er musste 100 000 Dollar Strafe zahlen. Anscheinend wurden ihm seine Sicherheitsfreigaben nicht entzogen, was ihm ermöglichte, auch weiterhin im Verwaltungsrat von großen Unternehmen zu sitzen und sechsstellige Honorare für Vorträge zu kassieren – von denen eine Handvoll seine Rechtskosten wieder einbringen würde.[39]

Man vergleiche dieses Ergebnis mit dem Ruin, der über Thomas Drake gebracht wurde, der überhaupt keine geheimen Informationen weitergegeben hatte. Und man bedenke, dass die meisten Whistleblower, die in der jüngeren Vergangenheit im Zusammenhang mit der inneren Sicherheit an die Öffentlichkeit getreten sind, viel eher so behandelt wurden wie Drake als wie Petraeus.

Man nehme zum Beispiel John Kiriakou. Dieser ehemalige CIA-Agent hatte die zweifelhafte Ehre, der einzige Bedienstete der Vereinigten Staaten zu sein, der wegen des in der Zeit nach den Anschlägen vom 11. September 2001 von US-Kräften durchgeführten Folterprogramms ins Gefängnis gesperrt wurde. Unzählige Funktionäre der US-Regierung, bis hinauf zu und einschließlich Präsident Bush und Vizepräsident Cheney, wussten von Folterungen, waren damit einverstanden oder führten sie durch, im sogenannten »Krieg gegen den Terrorismus«. Nach der Genfer Konvention ist Folter ein Verbrechen, was sie auch nach US-Recht zu einem Verbrechen macht, da die Vereinigten Staaten der Genfer Konvention beigetreten sind. Dennoch wurde kein einziger US-Funktionär wegen solcher Taten angeklagt, geschweige denn verurteilt. Dies ist ein weiteres Beispiel dafür, dass Barack Obama als Kandidat das eine versprach, als Präsident jedoch etwas anderes tat. Der Kandidat Obama war ein streitbarer Kritiker von Folterungen; aber sobald er im Amt war, weigerte er sich, entsprechende Strafverfahren einzuleiten, weil, so erklärte er, das Land »in die Zukunft blicken muss, nicht in die Vergangenheit«.

Anscheinend wurde Kiriakou nicht ins Gefängnis eingesperrt, weil er Folterungen begangen hätte, sondern vielmehr, weil er der Öffentlichkeit davon berichtet hatte. Als CIA-Außenagent war er bei der Gefangennahme von Abu Subaida, angeblich einem Topgehilfen von Osama bin Laden, dabei gewesen. In einem 2007 ausgestrahlten TV-Interview mit ABC News hat Kiriakou gesagt, die CIA habe Subaida mit einer Methode gefoltert, die als »Waterboarding« bekannt ist. Diese Enthüllung löste eine lebhafte öffentliche Diskussion aus, in der Vertreter der Bush-Regierung darauf bestanden, dass Waterboarding – bei dem das Opfer gefesselt und ihm Wasser in den Hals gegossen wird, bis es zu ertrinken beginnt – keine Folter sei.

Im Januar 2012 wurde Kiriakou angeklagt, Journalisten gegenüber geheime Informationen enthüllt zu haben. Wie Drake vor ihm und Snowden nach ihm wurde er von Jesselyn Radack vertreten, der es gelang, die Vorwürfe der Anklage durch Verhandlungen abzuschwächen. Letzten Endes bekannte sich Kiriakou eines einzigen Anklagepunktes für schuldig und wurde deswegen zu 30 Monaten Gefängnis verurteilt sowie weiteren drei Monaten Hausarrest. Petraeus – der seiner Geliebten geheime Informationen verraten und deswegen zu diesem Zeitpunkt bereits zurückgetreten, aber noch nicht angeklagt worden war – lobte das Urteil als »einen wichtigen Sieg für die CIA ... (der zeigt, dass es) Konsequenzen hat für alle diejenigen, die glauben, sie würden über dem Gesetz stehen.«

Hayden brachte dagegen eine etwas wohlwollendere Sicht auf Kiriakou zum Ausdruck, als er das in Bezug auf Drake getan hatte. Hayden hat mir gesagt, er sei »froh, dass die Anklage des FBI (gegen Drake) unter ihrem eigenen Gewicht zusammengefallen ist«, und weiter: »Bei John Kiriakou habe ich das gleiche Gefühl – ich finde, er hätte nicht zweieinhalb Jahre einsitzen sollen für das, was er getan hat. Ich hätte ihm seine Sicherheitsfreigabe entzogen, und Kiriakou ist ein Idiot, aber ich hätte ihn nicht ins Gefängnis geschickt. Das ist eine ziemlich schwere Strafe für einen Burschen mit einer jungen Familie. Wissen Sie, ich bin einfach weichherzig«, sagt der Mann, der wiederholt die Foltermethoden verteidigt hat, die Kiriakou aufgedeckt hat.

Kiriakou selbst bestand darauf, er sei dafür bestraft worden, an die Öffentlichkeit gegangen zu sein. »Ich habe vom Tag meiner Verhaftung an immer wieder erklärt, dass es in meinem Fall nie um Geheimnisverrat ging«, erzählte er der *New York Times* nach seiner Entlassung im Februar 2015, nachdem er beinahe zwei Jahre im Gefängnis eingesessen hatte. »In meinem Fall ging es um Folter. Die CIA hat mir nie verziehen, dass ich über Folter gesprochen habe.«

Drei Monate nach Kiriakous Entlassung wurde ein anderer früherer CIA-Agent, Jeffrey Sterling, zu einer Gefängnisstrafe verurteilt, weil er einen anderen Fall von CIA-Fehlverhalten öffentlich gemacht hatte.[40] »Es hat ihm so viel bedeutet, für die CIA zu arbeiten«, sagt Norman Solomon, ein Journalist und Aktivist, der Sterling unterstützt. An seinem ersten Arbeitstag bei der CIA ging er nicht direkt vom Parkplatz zum Hintereingang des Gebäudes, wie all seine Kollegen es taten; vielmehr ging er nach vorn zum Haupteingang, um erst einmal das offizielle Wappen der CIA zu bewundern, auf dem in großen Lettern der prachtvolle Schriftzug »Central Intelligence Agency of the United States« prangte.

Sterling wurde verurteilt, weil er dem Reporter James Risen geheime Informationen übergeben hatte – nicht für die in der *New York Times* erschienenen Geschichte über das Überwachungsprogramm der Bush-Cheney-Regierung, die Risen (zusammen mit Eric Lichtblau) geschrieben hatte, sondern für ein Kapitel in seinem Buch *State of War: die geheime Geschichte der CIA und der Bush-Administration*. In diesem Kapitel wurde ein CIA-Plan beschrieben, nach dem der iranischen Regierung falsche Nuklearwaffen zugespielt werden sollten, und zwar in der Hoffnung, dadurch Irans angeblichem Streben nach Nuklearwaffenfähigkeit die Motivation zu nehmen.

Sterling bestritt vehement, jemals geheime Informationen verraten zu haben, aber er gab freimütig zu, dass er den Geheimdienstausschuss des Senats auf die erheblichen Gefahren hingewiesen hatte, die das Iran-Programm seiner Ansicht nach heraufbeschwor – nämlich, dass es einem Widersacher der Vereinigten Staaten dabei helfen könne, sich nukleare Waffen zu beschaffen, statt ihn daran zu hindern. Wie die Whistleblower der NSA 4 + 1 vor ihm folgte auch Sterling dem offiziell vorgesehenen Weg, um aufzudecken, was er für eine »spezifische und erhebliche Gefahr« für die öffentliche Sicherheit hielt.

Aber den Anklägern stand das Überwachungsprogramm des Präsidenten zur Verfügung, und sie nutzten es, um Indizien dafür zu sammeln, dass Sterling Informationen an Risen gegeben hatte. Metadaten zeigten, dass Sterling und Risen in der Tat miteinander telefoniert und E-Mails ausgetauscht hatten. Diese Metadaten zeigten allerdings nicht, worüber sie gesprochen hatten – vielleicht über das Iran-Programm, vielleicht aber auch über etwas völlig anderes. Dessen ungeachtet verknüpfte die Anklage Sterlings Whistleblower-Bericht gegenüber dem Kongress mit den Metadaten, um daraus zu folgern, dass er Sterlings Quelle gewesen sei.

Es half Sterling auch nicht gerade, dass er – einer der ganz wenigen afroamerikanischen Fallbearbeiter bei der CIA – zu einem früheren Zeitpunkt der CIA Rassendiskriminierung vorgeworfen hatte. Stirling hatte im August 2001 gegen die CIA geklagt. Er behauptete damals, er sei bei der Zuteilung von Aufgaben, die zu Beförderungen geführt hätten, übergangen worden. Dies war das erste Verfahren dieser Art in der Geschichte der CIA. Einen Monat später war Sterling nach den Anschlägen vom 11. September so motiviert, gegen den Terrorismus zu kämpfen, dass er seinen Rechtsanwalt anwies, seine Klage zurückzuziehen, damit er an seinen Arbeitsplatz zurückkehren konnte. Stattdessen feuerte die CIA ihn, und der stellvertretende CIA-Chef John Brennan ließ es sich nicht nehmen, Sterling diese Nachricht persönlich zu überbringen. Später verwarf ein Gericht Sterlings Klage, und zwar mit der Begründung, dass ein Prozess »Staatsgeheimnisse gefährden« würde.

»Sobald sie das Gefühl hatten, dass es eine undichte Stelle gibt, zeigten alle Finger auf Jeffrey Sterling«, sagt Sterling in dem Dokumentarfilm *The Invisible Man* über seinen Fall. Obwohl sein Gerichtsverfahren schon vor Jahren zu den Akten gelegt worden war, beriefen sich die Ankläger darauf, um ihre Behauptung zu untermauern, er sei ein »egoistisches und rachsüchtiges« Individuum, das sich an der CIA rächen wolle, indem es Risen geheime Informationen zuspielte. Der *New York Times*-Reporter und Schriftsteller Risen berief sich auf journalistischen Quellenschutz und weigerte sich, seine Quellen zu nennen; er sagte, lieber würde er selbst ins Gefängnis gehen, als seine Quellen preiszugeben. Für Risens Kollegen in den Medien wurde es zu einer Frage von überragender Bedeutung, ob ein Reporter mit Konsequenzen rechnen muss, wenn er seine Arbeit macht. Als sich jedoch abzeichnete, dass man Risen nicht strafrechtlich belangen würde, ließ das Interesse der Medien an dem Fall schnell nach. Die Geschworenen, unter denen sich kein einziger Afroamerikaner befand, sprach Sterling neun schwerer Vergehen für schuldig.

Jeffrey Sterling wurde im Mai 2015 zu 42 Monaten Gefängnis verurteilt, also fünf Wochen, nachdem Petraeus ohne Gefängnisstrafe davongekommen war, obwohl er seiner Geliebten geheime Informationen mitgeteilt hatte. Sterlings Anwältin Radack war empört über die zweierlei Maß, mit denen hier gemessen wurde, und sagte dem TV-Nachrichtenmagazin *Democracy Now!*: »Die letzten drei CIA-Chefs – Leon Panetta, General David Petraeus und (John) Brennan – haben allesamt verdeckte Identitäten preisgegeben und wurden dafür nicht belangt.«

»Surreal« war das Wort, mit dem Sterling und seine Frau Holly dieses ganze Erlebnis beschrieben: zuerst die Anschuldigungen gegen ihn, dann ein Prozess, in dem er ausschließlich aufgrund von Indizienbeweisen schuldig gesprochen wurde und schließlich das Urteil des Richters, das ihn am 16. Juni 2015 in die Justizvollzugsanstalt von Littleton, Colorado schickte.[41] Mit der Hilfe von Norman Solomon und seiner Organisation, dem »Institute for Public Accuracy« (»Institut für Korrektheit im öffentlichen Bereich«), wurde Holly Sterling im Oktober 2015 zur ersten Ehefrau eines inhaftierten CIA-Agenten, die sich öffentlich zu dem Fall ihres Mannes äußerte; bei einer Pressekonferenz im National Press Building in Washington appellierte sie an Präsident Obama, ihren Mann – der ihren Beteuerungen zufolge »nichts Falsches getan hat« – zu begnadigen. Ohne eine solche Begnadigung vom Präsidenten oder eine andere unerwartete Intervention wird Jeffrey Sterling, vormals ein glühender Fan der CIA, bis Dezember 2018 im Gefängnis bleiben.

Das Ziel ist es, den Whistleblower zu demoralisieren

Unterdessen war John Cranes Schicksal auf mehreren Ebenen ungewiss. Auf einer praktischen Ebene war unklar, wie es mit seinem Job weitergehen sollte; auf einer philosophischen Ebene stellte sich die Frage, ob sich sein Glaube an das Gute im Menschen und die Verlässlichkeit des Systems bestätigen würde.

Was seinen Job angeht, wurde er letzten Endes von seinen Vorgesetzten hinausgezwungen. Crane sagte, er sei Opfer einer – von ihm so bezeichneten – »Falschaussage unter Eid« durch Shelley und Halbrooks geworden; außerdem behauptete er, Halbrooks sei von ihrem Wunsch motiviert gewesen, von ihrer Funktion als amtierender Generalinspekteurin zur offiziellen Generalinspekteurin befördert zu werden. Laut Crane hätten Shelley und Halbrooks außerdem – in einer Wendung, die an das Märchen von *Alice im Wunderland* erinnert – auf der Grundlage ihres eigenen Meineids das Urteil gefällt, was sie in diesem Fall zu Anklägern, Zeugen und Richtern in Personalunion gemacht habe.

Halbrooks ließ Crane im Februar 2013 »beurlauben«, also vier Monate, bevor Snowdens Enthüllungen die Welt erschüttern sollten und Whistleblowing plötzlich zu einem alltäglichen Gesprächsthema für Millionen machten. »Beurlauben« war die offizielle Sprachregelung der US-Regierung für »erzwungene Kündigung«. Es wurde Crane verboten, sein Büro zu betreten, seine Gehaltszahlungen und Sicherheitsfreigaben wurden suspendiert, aber er wurde nicht gefeuert. Es ist schwierig, einen Bediensteten der Bundesregierung zu feuern, wenn keine überzeugenden Beweise für Inkompetenz, Gehorsamsverweigerung oder strafbares Verhalten vorliegen; Beschäftigte der Bundesregierung genießen einen Kündigungsschutz, der den meisten Arbeitnehmern im privaten Sektor fehlt. Das mag erklären, warum manche Whistleblower aus der Bundesregierung zwar Repressalien ausgesetzt waren, ihnen aber nicht offiziell gekündigt wurde; sie wurden mit kleinlicheren Methoden bestraft.

So wurde zum Beispiel auch Bogdan Dzakovic, der Mitarbeiter der US-Flugsicherheitsbehörde, über dessen schaurig-komischen Tricks zum Aufspüren von Sicherheitslücken an Flughäfen ich in *Vanity Fair* berichtet habe, nie gefeuert, trotz der unverhohlenen Abneigung seiner Chefs gegenüber seiner Person. Stattdessen teilten sie ihn für die Nachtschicht im Dulles International Airport in Washington ein, wo das Einzige, was hin und wieder seine Langeweile etwas auflockern konnte, der Anruf eines Menschen war, der steif und fest behauptete, ein Außerirdischer zu sein. Das Ziel solcher Managementtaktiken, so Devine, besteht darin, den Whistleblower so weit zu demoralisieren, dass er oder sie von sich aus kündigt. Crane hat mir erzählt, er sei ähnlich behandelt worden: »Lynne hat gesagt, sie könne meinen Job so unerfreulich machen, dass ich von selbst gehen würde.«

Ist es ein Wunder, dass sich der Enkel des Mannes, der sich mit gezogener Waffe Hitler entgegengestellt hatte, von solchen Attacken nicht unterkriegen ließ? Dass er vielmehr für seine

Überzeugungen eintrat und sich wehrte? Dass er seine Widersacher vor Gericht brachte und tatsächlich erwartete, recht zu bekommen?

In einer Szene, die an den Showdown zwischen seinem Großvater und Hitler am Abend des Bürgerbräu-Putschs in München erinnert, sagte Crane sinngemäß zu Lynne Halbrooks and Henry Shelley: »So werdet ihr mich nie erobern!« Er gab seine Position im Pentagon auf, und dann dauerte es nicht mehr lange, bis er den Weg zum Government Accountability Project gefunden hatte. »Ich wandte mich an das GAP, weil Tom Devine einen hervorragenden Ruf als Whistleblower-Anwalt und -Unterstützer hat«, erinnert sich Crane, der Devine und andere GAP-Anwälte bereits kennengelernt hatte, als er die Whistleblower-Einheit im Pentagon leitete. Crane hatte seinerzeit sogar ein Treffen zwischen GAP und Halbrooks vermittelt, um zu versuchen, die Beziehung zwischen den beiden verfeindeten Lagern zu verbessern, im Kielwasser der Anklage gegen Drake.

Das GAP nahm Crane mit offenen Armen auf, und zwar nicht zuletzt, weil er mit seinem Insiderwissen wertvolle Munition für die Verteidigung im Verfahren gegen Drake liefern konnte. Cranes eidesstattliche Versicherungen, in denen er beschrieb, wie Halbrooks und Shelley im Umgang mit Drakes Whistleblower-Beschwerde fundamentale Rechtsprinzipien verletzt hatten, versetzten Devine in die Lage, eine vernichtende Erwiderung auf den Bericht des Generalinspekteurs zu schreiben. Da Halbrooks und Shelley angeblich die eifrigsten Peiniger von Drake gewesen waren – indem sie ihn zuerst an die Ermittler des Justizministeriums verraten und dann in seinem Gerichtsverfahren ein gerechtes Urteil hintertrieben hatten –, bestand bei ihnen ein Interessenskonflikt, der sie offensichtlich für »jegliche Beteiligung ... (an) dem Ermittlungsverfahren wegen Vergeltungsmaßnahmen gegen Mr Drake« disqualifizierte, schrieb Devine.

Cranes Fall war auch aus einem anderen Grund für die Whistleblower-Anwälte beim GAP hochinteressant, denn Crane war nicht nur ein normaler Whistleblower: Er hatte die Whistleblower-Einheit in einem der größten Ministerien der US-Regierung, dem im Verteidigungsministerium, geleitet. »Ich war verantwortlich für die Hotline des Verteidigungsministeriums für 1,3 Millionen Angehörige des militärischen Personals sowie 700 000 Zivilisten, insgesamt also fast zwei Millionen Bedienstete der Bundesregierung«, erinnert sich Crane. Dass ein so hochrangiger Funktionär bereit war, Geheimnisse aus der Höhle des Löwen preiszugeben, war ein ganz besonderer Leckerbissen für Devine, der dazu gesagt hat: »Je mehr John mir von seinen Erfahrungen im Kampf für den Sieg der gerechten Sache im Verteidigungsministerium erzählte, desto stärker wurde mein Wunsch, mit ihm zu arbeiten.«

Auf einer anderen Ebene wussten Devine und Clark allerdings nicht so recht, was sie von Crane halten sollten. Hier war ein Mann, der allem Anschein nach ehrlich daran glaubte, dass Whistleblower innerhalb des nationalen Sicherheitsapparates fair und diskret behandelt werden können und sollen. Clark und Devine hatten im Laufe der Jahre zu viele Beispiele des Gegenteils erlebt, um daran noch glauben zu können. Sie waren keineswegs abgestumpft; sie setzten sich nach wie vor mit aller Macht für ihre Mandanten ein, aber sie neigten inzwischen dazu, hinsichtlich der Reaktionen einer Bürokratie das Schlimmste zu erwarten. Ihre Vorbehalte verfestigten sich im Laufe der Bush-Cheney-Jahre, als durch aggressive Verlautbarungen aus dem Weißen Haus – »Entweder bist du für uns, oder du bist für die Terroristen«, hatte Bush nach dem 11. September verkündet – im ganzen Land ein Klima der Angst und Einschüchterung erzeugt worden war, vor allem in Washington. Die Präsidentschaft von Obama, der seine Wahlkampfversprechen über Transparenz und Schutz für Whistleblower gebrochen hatte und stattdessen gegen transparente Regierungsarbeit hart durchgriff, verstärkten ihre Überzeugungen noch.

Aber bei Crane, so schien es, war die Botschaft, dass der »Krieg gegen den Terrorismus« die verfassungsmäßige Regierung in der »Heimat der Tapferen« umstürzte, nie angekommen. Er glaubte immer noch daran, dass das System im Grunde gesund war. Clark und Devine bewunderten sein Vertrauen in dieses System, so sehr es sie auch verblüffte. »John ist eine ehrliche Haut«, sagt Devine. »Ich weiß nicht, wie er seinen Glauben an das System über all die Jahre im Pentagon hinweggerettet hat, aber er tut nicht nur so – er glaubt wirklich daran.«

Der »Dritte Mann« wehrt sich

Cranes Gegenangriff begann am 9. Februar 2015, als das GAP eine Whistleblower-Enthüllung einreichte, in der Halbrooks und Shelley pflichtwidriges Verhalten vorgeworfen wurde. Der Bericht enthielt drei eidesstattliche Versicherungen von Crane – ein Schriftsatz mit Hunderten von Seiten auf denen die in diesem Buch beschriebenen Episoden und vieles andere ausführlich dargestellt wurden. Devine fasst den Fall so zusammen: »John Cranes Geschichte zeigt, dass jeder, dessen

Job es ist, Whistleblower zu schützen, einen sehr gefährlichen Job hat.«

Erstaunlicherweise war es ein Job, auf den Crane zurückkehren wollte. Aus seiner Sicht war das wichtigste Ziel seiner rechtlichen Schritte, wieder auf seinen alten Posten als stellvertretender Generalinspekteur des Pentagon und Leiter der Whistleblower-Einheit eingestellt zu werden.

Devine hält Crane für verrückt, oder zumindest für naiv. »Ich weiß nicht, ob ich schon jemals mit einem Whistleblower zusammengearbeitet habe, der eine so ausgeprägte Pfadfindermentalität hat wie John«, so Devine. »Das macht John zu der Art von Mensch, die er ist, und zu der Art von Whistleblower, die er ist. Er glaubt fest daran, dass er mit offenen Karten spielen sollte, und dass das System so funktionieren wird, wie es immer behauptet wird. Als sein Rechtsanwalt muss ich das respektieren, selbst wenn ich ihn gleichzeitig davor warne, dass das System ihn vielleicht nur an der Nase herumführt.«

Crane lächelt still vor sich hin, als er all die Gründe hört, warum seine Rückkehr als Chef der Whistleblower-Einheit ziemlich unwahrscheinlich sei. Seine Vorgesetzten hassen ihn – warum sollten sie seine Rückkehr jemals zulassen? Und selbst wenn in einem Gerichtsurteil seine Wiedereinstellung verfügt würde, warum sollte er zurückgehen und für Menschen arbeiten wollen, die so großen Eifer an den Tag gelegt hatten, ihm das Leben zur Hölle zu machen?

»Ich will dem System jede Chance geben, so zu funktionieren, wie es funktionieren sollte«, sagt Crane. Er sitzt in Anzug und Krawatte in einem Konferenzraum beim GAP, so seriös gekleidet, wie man es im Pentagon von ihm erwarten würde. »Tom und ich haben genug Kompetenzen, damit das System in der Lage sein sollte zu reagieren. Eigentlich teste ich das System. Ich glaube, dass das System, wenn es denn richtig funktioniert, zu meinem Vorteil arbeiten wird.«

Für Crane ist es eine einfache Frage von richtig oder falsch. Er war es nicht, der gegen das Gesetz verstoßen hatte, vielmehr waren es Halbrooks und Shelley; daher waren sie es, nicht er, die den Preis dafür zahlen müssten. Bevor er mit ihnen aneinandergeraten war, so erzählt mir Crane, »hatte ich für zehn verschiedene Dienststellenleiter im Verteidigungsministerium gearbeitet und war noch nie aufgefordert worden, etwas zu tun, das ich für illegal hielt. Ich hatte es noch nie mit jemandem zu tun gehabt, der bereit war, sein Amt zu seinem persönlichen Vorteil zu missbrauchen. Ich war schockiert.«

Aber ich bleibe hartnäckig und frage ihn, warum er denn dorthin zurückgehen und für Menschen arbeiten wolle, die ihn verachten? Ob er wirklich sein Leben so verbringen wolle?

»Nun, Lynne ist nicht mehr da«, antwortet Crane. Nachdem sie nicht zum Generalinspekteur befördert worden war, war Halbrooks aus dem öffentlichen Dienst ausgeschieden. Im Mai 2015 wurde sie Partnerin bei Holland & Knight, einer großen Anwaltskanzlei mit Niederlassungen überall in den Vereinigten Staaten, die Großunternehmen vertritt, darunter auch Lieferanten des Militärs. »Heute vertritt sie genau die Unternehmen, gegen die wir (im Büro des Generalinspekteurs am Pentagon) Ermittlungen zu führen hatten«, führt Crane aus.

»Aber Shelley ist doch immer noch da?«, frage ich ihn. »Mit ihm sind Sie doch ebenso heftig aneinandergeraten, und in seiner Eigenschaft als Chefjustiziar könnte er Ihnen doch bei jeder Gelegenheit Knüppel zwischen die Beine werfen, wenn Sie zurückkämen, oder?«

»Wenn er dann noch da ist«, erwidert Crane mit einem Augenzwinkern.

Ein zweites Ziel von Cranes Klage scheint zu sein, Shelley so sehr in Bedrängnis zu bringen, dass er von seinem Amt als Chefjustiziar zurücktritt. Wenn Cranes Whistleblower-Enthüllungen bestätigt würden, hätte das die praktische Folge, dass ein Ermittlungsverfahren gegen Shelley eröffnet werden müsste. FBI-Ermittler würden anfangen, Cranes Vorwürfe zu prüfen, seine eidesstattlichen Versicherungen zu lesen, Unterlagen zu sichten und Zeugen zu befragen, auch Shelley selbst. Vielleicht würden diese Ermittler feststellen, dass Shelley völlig legale Erklärungen für sein Handeln hat. Vielleicht würden sie zu dem Schluss kommen, dass Crane alles erfunden hat – dass er sich an Shelley rächen wolle, weil der ihn aus seinem Job gedrängt hatte.

Aber wenn ein Ermittlungsverfahren gegen Shelley eingeleitet würde, könnte das ein ungünstiges Licht auf ihn und das Büro des Generalinspekteurs im Pentagon werfen, was den Verteidigungsminister oder manch einen Kongressabgeordneten zu dem Schluss führen könnte, dass die Zeit für frisches Blut gekommen sei. »Wenn gegen einen Chefjustiziar ermittelt wird, werden seine gesamten Aktivitäten während seiner Amtszeit als Chefjustiziar untersucht, und das allein kann als Grund verwendet werden, um ihn zu entfernen«, erklärt Crane. »Niemand will einen Chefjustiziar, gegen den ermittelt wird. Das macht einen denkbar schlechten Eindruck.«

Nur eine unabhängige Ermittlung kann die Wahrheit zutage fördern, und hier stellt sich Cranes Klage eine entscheidende Hürde in den Weg. Das GAP hatte seine Whistleblower-Enthüllung dem Büro des Chefjustiziars (»Office of the General Counsel«, OSC) eingereicht, das ermitteln sollte, ob Crane bestraft worden ist, weil er ordnungsgemäß seinen Amtspflichten nachgekommen war. Das OSC ist eine für die gesamte Regierung zuständige Behörde, die alle in der Regierungsbürokratie auftauchenden Whistleblower-Fälle entscheidet; in der Regel handelt es sich dabei um Fälle, die die betreffenden Behörden nicht eigenständig lösen können.

Wenn das OSC zu Cranes Gunsten entscheidet, würden bestimmte Fristen zu laufen beginnen: Der Verteidigungsminister müsste dem OSC innerhalb von 60 Tagen Bericht erstatten und einen gemeinsamen Plan aufstellen, eine ausführlichere Untersuchung von Cranes Vorwürfen in die Wege zu leiten. »Wir sind optimistisch, dass das OSC zu Johns Gunsten entscheiden wird und dass er seine Vorwürfe in einer echten Anhörung begründen kann«, sagt Devine. »Das ist immer das Schwierigste für einen Whistleblower – eine echte Anhörung zu erreichen. Das OSC hat uns aufgefordert, jedes Gesetz genau anzugeben, gegen das unserer Meinung nach verstoßen wurde.« Er grinst und fährt fort: »Unser überarbeiteter Schriftsatz hat einen separaten Anhang, in dem sämtliche Verstöße aufgeführt sind.«

Im März 2016 entschied das Büro des Chefjustiziars zu Cranes Gunsten und stellte in einem Brief an Verteidigungsminister Ashton Carter fest, dass eine »beträchtliche Wahrscheinlichkeit« bestehe, dass Cranes Vorwürfe in Bezug auf Halbrooks and Shelleys Umgang mit dem Fall von Thomas Drake zutreffen. Die Formulierung »beträchtliche Wahrscheinlichkeit« war deutlich stärker als andere denkbare Entscheidungen, zu denen das OSC hätte kommen können. Wäre das OSC zu dem Schluss gekommen, es bestehe lediglich die »begründete Annahme«, dass Crane recht habe, wäre der Verteidigungsminister zwar informiert worden, hätte aber nicht reagieren müssen. Aber so, wie die Dinge lagen, war Verteidigungsminister Carter gesetzlich verpflichtet, innerhalb von 60 Tagen ein zweites, umfassenderes Ermittlungsverfahren einzuleiten. Da das Büro des Generalinspekteurs am Pentagon kaum glaubwürdig gegen sich selbst ermitteln kann, müsste dieses zweite Ermittlungsverfahren vom Justizministerium geführt werden. Dazu Devine: »Wir freuen uns sehr darauf, bei diesem neuen Ermittlungsverfahren behilflich zu sein und uns dafür einzusetzen, dass Drake und Crane Gerechtigkeit widerfährt.«

»Dies ist eine Sache, die ich tun muss«

Cranes Geschichte ist nach seinen eigenen Worten »lang und verschlungen«, und ein Sieg liegt noch in weiter Ferne. Wenn die in diesem Buch erzählten Geschichten überhaupt etwas zeigen können, dann den Umstand, dass Logik und Recht nur allzu leicht unter die Räder kommen können, wenn Regierungsbedienstete es mit Whistleblowern zu tun bekommen, die unwillkommene Neuigkeiten bringen. Vor allem im Bereich innere Sicherheit ist es leider normal, dass mit zweierlei Maß gemessen wird, Machtbefugnisse schamlos ausgenutzt werden und gelogen wird, dass sich die Balken biegen. Wäre es zynisch, wenn man argwöhnen wollte, dass auch nach dem neuen Ermittlungsverfahren des Justizministeriums, das GAP und Crane erwirkt haben, Cranes Vorwürfe verworfen oder zumindest verfälscht werden könnten und so seinen Wunsch, seinen angestammten Job zurückzubekommen, der Lächerlichkeit preisgeben würden?

Ein solches Ergebnis müsste Cranes Überzeugung erschüttern, dass letzten Endes das System richtig funktioniert, nicht wahr? Aus praktischer Sicht könnte er immer noch eine Beschwerde wegen Whistleblower-Vergeltungsmaßnahmen einreichen, und Devine hat gesagt, dass Crane das tun würde. Dennoch hätte das System der Militärjustiz seine Erwartungen enttäuscht. Crane, der in einer Offiziersfamilie aufwuchs, wurde vermittelt, dass man das Richtige tun und darauf vertrauen müsse, dass die Gerechtigkeit sich durchsetzen werde. Auf diese Überzeugung hat er später seine berufliche Karriere gesetzt, bis hin zu dem Punkt, dass er am Ende aus einem gut bezahlten, befriedigenden Job getrieben wurde, den er sehr gern gemacht hatte. Sollten all diese Überzeugungen jetzt zunichtegemacht werden?

Crane und Devine respektieren einander auf professioneller Ebene, und sie scheinen sich auch persönlich sympathisch zu finden, aber auf einer philosophischen Ebene haben sie denkbar unterschiedliche Ansichten über das Wesen der Bestie, mit der sie es zu tun haben. Crane hält das Problem von offiziellem Fehlverhalten hauptsächlich für eine Folge individueller Tugendhaftigkeit oder Verworfenheit. Auf die Frage, welche Lehren das amerikanische Volk aus seinen Erfahrungen ziehen sollte, antwortet er: »Der Kongress schreibt und verabschiedet die Gesetze der Nation, aber umgesetzt werden sie von Menschen. Und man muss darauf achten, welche Menschen man damit betraut, weil sie die besten Absichten des Kongresses und der Exekutive untergraben können.«

Für Devine ist das Problem dagegen systemisch, es erwächst aus Machtbeziehungen und dem Konflikt institutioneller Interessen. »Sei es nun eine Behörde oder ein privates Unternehmen, jede Institution reagiert auf Whistleblower mit dem organisatorischen Äquivalent eines tierischen Instinkts«, hat er mir gesagt. »Sie schlägt zurück. Und der Umfang und die Intensität ihrer Vergeltungsmaßnahmen hängt direkt davon ab, wie stark die Bedrohung empfunden wird, die von dem Whistleblower ausgeht. Je brisanter die Enthüllungen eines Whistleblowers sind, desto stärker wird das Bedürfnis empfunden, diese Bedrohung auszuschalten.«

Aus dieser Sicht stellt John Crane eine nahezu denkbar große Bedrohung dar, weil seine Enthüllungen die Legitimität des Systems zum Schutz von Whistleblowern selbst in Frage stellen. Denn immerhin hat er selbst dabei mitgewirkt, dieses System einzuführen; er hat Überzeugungsarbeit geleistet, dass es notwendig ist; und er hat versucht, dieses System – und seine Klienten, die Whistleblower – vor politischer Einflussnahme zu schützen. Wenn er jetzt den Vorwurf erhebt, unter Eid und Strafandrohung wegen Meineids, das System sei pervertiert worden, seine Klienten würden verraten und bestraft statt geehrt und geschützt – was sagt das dann über das gesamte Unterfangen aus?

»Es ist so ähnlich wie ein Priester, der die finstersten Geheimnisse der katholischen Kirche aufdeckt«, sage ich, »so treten Sie auf. Ist es das, was Ihren Fall so bedrohlich macht?«

»Absolut«, sagt Crane. »Aber vielleicht eher wie ein Bischof. Ich war so weit oben in der Hierarchie, dass ich alles sehen konnte, was sich abspielte.«

Crane lehnt die Idee ab, dass er naiv sei in seiner Sicht von Macht. »Ich will nur erreichen, dass das System richtig funktioniert«, sagt er. »Ich weiß, dass das System versagen kann – Zweiter Weltkrieg, Nazi-Deutschland –, aber ich weiß auch, dass man das Richtige tun muss. Weil die Regierung so übermächtig ist, muss dafür gesorgt werden, dass sie effizient und ehrlich und nach Recht und Gesetz arbeitet.«

»Wie stehen denn die Chancen, dass die Regierung in Ihrem Fall richtig funktionieren wird?«

»Ich sage Ihnen nicht, wie die Chancen stehen«, sagt er und lacht in sich hinein. »Dies ist einfach eine Sache, die ich tun muss.«

Vielleicht kann das Schlusskapitel von Cranes Abenteuern – das noch zu Papier gebracht werden muss – die Angelegenheit zu einem Abschluss bringen. Wird Verteidigungsminister Ashton Carter entscheiden, dass sein Fall angehört werden soll? Wird Crane seinen Job zurückbekommen? Wird die Auflösung des Falls sein Vertrauen in die Gerechtigkeit des Systems rechtfertigen, oder wird sie Devines Zweifel, ob Whistleblower ein faires Verfahren bekommen können, verstärken?

Bis jetzt ist nur klar, dass Crane durch das Verhalten, das er innerhalb des Systems erlebt hat, vom Whistleblower-Schützer selbst zum Whistleblower geworden ist. John Crane, der »Dritte Mann«, hatte sich dem Stamm der Whistleblower angeschlossen.

Epilog

Die Zukunft des Stammes

Edward Snowden hatte einige der bestgehütetsten Geheimnisse der mächtigsten Militärmacht in der Geschichte offengelegt und damit sein gesamtes Leben auf den Kopf gestellt. Hinter seiner Aktion steckte mehr als nur ein Wunsch. Kurz nach seinen Enthüllungen redet Snowden mit dem Journalisten Barton Gellman von der *Washington Post*. Als primäres Ziel habe er Menschen auf der ganzen Welt auf die besondere Überwachung aufmerksam machen wollen, unter die sie die US-Regierung gestellt habe. Seiner Überzeugung nach hätten insbesondere Amerikaner ein Recht, diese Verletzung ihrer Privatsphäre in groben Umrissen zu kennen, um entscheiden zu können, ob sie durch das mit ihnen angeblich geschaffene höhere Maß an Sicherheit tatsächlich gerechtfertigt seien. Neben diesem ersten verfolgte der ehemalige externe NSA-Mitarbeiter ein zweites Ziel: andere zu ermutigen, seinem Beispiel zu folgen. »Er sagte mir«, so Gellmann später gegenüber *Frontline* vom Sender PBS, »dass er anderen Whistleblowern als Vorbild dienen und aufzeigen wolle, dass man sich durchaus zu Wort melden und die Wahrheit aussprechen kann, wenn man über etwas stolpert, das man für Unrecht hält, und sich nicht zu verstecken braucht«.

Nur Stunden nachdem Snowden in den Stamm der Whistleblower eingetreten war, versuchte er offenbar schon, diesem weiteren Zulauf zu verschaffen.

Würde es ihm gelingen? *Sollte* es?

»Snowden hat verraten, wie die USA auf legitime Weise Auslandsinformationen sammeln, und damit unsere Anstrengungen im Kampf gegen gefährliche Feinde wie ISIS untergraben. Angesichts dessen bin ich mir unsicher, ob viele in seine Fußstapfen treten wollen«, sagte mir Michael Hayden und fügte im März 2016 in einem Interview mit dem T V-Moderator Charlie Rose hinzu, dass es bei »98 Prozent von dem, was (Snowden) an die Öffentlichkeit brachte, darum geht, wie Amerika Auslandsinformationen sammelt. Was hat es mit bürgerlichen Freiheiten zu tun, wenn man einem (Medien-)Korrespondenten ein Dokument übergibt, das ihn dazu bringt, über die Fähigkeit der NSA zu schreiben, die E-Mails der syrischen Streitkräfte abzufangen und auszuspähen?«[42]

Snowden sah das massive Datenleck der Panama Papers als Beweis dafür an, dass andere Insider seinem Beispiel als Whistleblower tatsächlich folgten. Als die Sache an die Öffentlichkeit kam, setzte er einen Tweet ab: »Die Story hinter den Panama Papers? Courage ist ansteckend.« Aber eben offenbar nicht zu 100 Prozent. Immerhin hat sich Snowden sofort als Informant der NSA-Dokumente zu erkennen gab, um seine Kollegen vor Verdächtigungen zu schützen. Dagegen blieben der oder die Quellen der Panama Papers anonym.

Vielleicht handelt es sich nicht einmal um Whistleblower aus dem Inneren der Kanzlei Mossack Fonseca, sondern um Hacker von außen.

Der Leser hat sich an dieser Stelle dazu wahrscheinlich schon eine Meinung gebildet. Man mag Edward Snowden lieben oder hassen, ihn verabscheuen oder bewundern – mit seinen Aktionen hat er die Welt, in der wir alle leben, jedenfalls verändert. Damit hat jeder Einzelne von uns das Recht, wenn nicht sogar die Pflicht, sich ein Urteil über sein Tun und dessen mögliche Auswirkungen zu bilden.

Aber das Recht auf die eigene Meinung heißt nicht, sich eigene Fakten schaffen zu können. Blicken wir also auf das zurück, was tatsächlich belegt ist. Trennen wir die erwiesenen Tatsachen zu Snowdens Enthüllungsaktion von den Massen an Behauptungen, politisch motivierten Anschuldigungen und unzutreffenden Darstellungen, die über sie kursieren. Wenn wir zusammenfassen, was Snowden tatsächlich getan hat und welche Auswirkungen dies hatte, können wir einschätzen, ob sein Beispiel Schule machen oder andere eher davon abhalten wird, weitere Skandale aufzudecken.

Eine Einrede des öffentlichen Interesses – unzulässig

Im Frühjahr 2016 war Snowden vor den US-Behörden noch immer auf der Flucht. Soweit Außenstehenden bekannt war, hielt er sich irgendwo in Russland auf. Offenbar hatte er leichten Zugang zu Moskau, wo er gelegentlich mit Journalisten und Unterstützern zusammentraf.

Snowden hielt sich nicht freiwillig in Russland auf. Wer tauscht die lauen Lüfte Honolulus schon gerne gegen die trübe Kälte Moskaus ein? Nein, er war dort im Juni 2013 hängengeblieben, als er von Hongkong kommend, wo er die geheimen NSA-Unterlagen den Journalisten Laura Poitras, Glenn Greenwald und Ewen MacAskill übergeben hatte, in ein anderes Flugzeug irgendwohin nach Südamerika hatte umsteigen wollen. Als die US-Behörden von seinem Aufenthalt im Moskauer Flughafen erfuhren, erklärten sie seinen Pass für ungültig und verlangten seine Auslieferung. Statt der Forderung nachzukommen, sicherte die russische Regierung Snowden schließlich für ein Jahr Asyl zu, das später auf drei Jahre verlängert wurde. Snowden dementierte wiederholt Vorwürfe, er habe als Gegenleistung US-Geheimnisse an Russland (und in Hongkong an China) verraten. Er habe sämtliche Unterlagen Poitras und Greenwald ausgehändigt, so erklärte er. Er habe kein Interesse daran, andere Regierungen zu unterstützen. Hinweise auf das Gegenteil sind bislang nicht aufgetaucht.

Falls Snowden nicht doch irgendwie über die Grenze gekommen war, hielt er sich nach wie vor in Russland auf. Journalisten zitierten ihn mit einer Erklärung, wonach seine Freundin Lindsay Mills zu ihm gezogen sei. (Angeblich planen sie eine Heirat.) Snowden blieb öffentlich präsent, erschien auf Konferenzen und gab Interviews in einem improvisierten Fernsehstudio, das er sich in seiner Wohnung eingerichtet hatte. Er ging gelegentlich, aber eher selten aus und gab an, dass er sich deswegen nicht eingeengt fühle. »Ich bin eine Wohnungskatze«, erklärte er. Er sei ganz zufrieden, solange er dank einer sicheren Internet-Verbindung lesen, nachdenken und zur Außenwelt Kontakt halten könne.[43]

Rätselhaft blieb, warum die US-Behörden mit ihrem gewaltigen Überwachungsapparat und den zahlreichen gegenwärtigen und ehemaligen Mitarbeitern, die Snowdens Kopf verlangen, seinen Aufenthaltsort bislang nicht ausmachen konnten. Oder hatten sie ihn doch geortet, aber entschieden, nichts gegen ihn zu unternehmen, zumindest vorerst nicht? Aber welche praktischen Möglichkeiten hatten die USA schon? In

Russland wollte ihn Washington wohl kaum kidnappen oder ermorden lassen. Der Preis für die Verletzung der territorialen Hoheit eines Landes, das ebenfalls einen gewaltigen Apparat für die nationale Sicherheit unterhielt, war einfach zu hoch. Da lag es sicherlich näher, Snowden auf der Straße zusammenschlagen zu lassen, solange sich keine Spuren bis in die USA zurückverfolgen ließen – sicher ein unangenehmer Gedanke für Snowden, wenn er das Haus verließ, um sich mit Lebensmitteln zu versorgen.

Snowden hatte oft erklärt, dass er hoffe, eines Tages in die Vereinigten Staaten zurückkehren zu können, und schon morgen abreisen würde, wenn er den Eindruck hätte, auf ein faires Gerichtsverfahren zählen zu können.[44] Aber diese Tür war offenbar verschlossen. Tatsächlich teilte Daniel Ellsberg dem jungen Whistleblower bei einem Besuch in Moskau im Sommer 2015 mit, dass er seine Heimat wohl niemals wiedersehen werde. »Ich glaube nicht, dass er jemals wieder in die Vereinigten Staaten zurückkehren kann, egal, wie groß seine Popularität geworden ist. Und ich glaube, dass er jeden Monat deutlich mehr Unterstützung bekommt, weil den Leuten allmählich klar wird, wie wenig Substanz die Vorwürfe haben, denen zufolge er uns Schaden zugefügt haben soll«, teilte Ellsberg auf dem Weg zu Snowden dem *Guardian* in London mit. »Das heißt allerdings nicht, dass ihm die Geheimdienstleute jemals verzeihen werden, dass er ihre Machenschaften offengelegt hat. Ich glaube nicht, dass es irgendein Präsident für klug erachten wird, sich mit den Geheimdiensten anzulegen, indem er ihn begnadigt oder ihm die Rückkehr erlaubt.«[45]

Die offizielle Position der USA ist deutlich und wird von Republikanern wie Demokraten fast einhellig geteilt: Snowden hat geltendes Recht gebrochen. Er muss zurückkehren, vor Gericht gestellt und ins Gefängnis gesteckt werden. Die meisten Offiziellen drückten es natürlich verblümter aus. So sagte Hillary Clinton während der ersten Präsidentschaftsdebatte der Demokraten im Vorwahlkampf 2016, Snowden müsse »seine Suppe auslöffeln«.

Ungesagt blieb, dass ihm diese Suppe, aus juristischer Sicht, andere eingebrockt hatten. Nicht nur über Snowden, sondern über jedem Whistleblower in der Sphäre der nationalen Sicherheit schwebte ein Damoklesschwert aus abschreckenden juristischen Regularien, die es ihnen im Kern unmöglich machte, in ihrem Fall ein »öffentliches Interesse« geltend zu machen. Bei einem Prozess könnte sich Snowden höchstens mit einer Silbe zu den *Gründen* seines Vorgehens äußern. Er könnte sich nicht darauf berufen, dass er die strenggeheimen Unterlagen der Öffentlichkeit nur deshalb zugespielt hatte, um das amerikanische Volk darauf aufmerksam zu machen, dass seine im 4. Zusatzartikel zur US-Verfassung verbrieften Rechte verletzt wurden. Ebenso wenig könnte er vorbringen, dass er gegen das eine Gesetz, das die Weitergabe von klassifiziertem Material an nichtautorisierte Personen verbietet, verstoßen musste, um bekanntzumachen, dass ranghohe staatliche Vertreter gegen mehrere andere Gesetze verstießen. Kurz, zu seiner Verteidigung könnte er sich nicht auf ein »öffentliches Interesse« berufen.

Als Ellsberg, ein ehemaliger Offizier der US-Marineinfanterie, 1971 die Pentagon-Papiere an die Öffentlichkeit gebracht hatte, war er auf die gleichen juristischen Hürden gestoßen. In seinem Prozess wollte er Zeugen laden lassen, die dazu aussagen konnten, wie US-Regierungsvertreter die Öffentlichkeit über die Gründe des Vietnamkrieges und über die sich daraus ergebenden menschlichen Ofer gezielt getäuscht hatten. Seine Anwälte machten ihm klar, dass der Richter solche Einwendungen unverzüglich für unzulässig erklären würde. Als einzige Frage würde es vor Gericht darum gehen, ob Ellsberg tatsächlich der Geheimhaltung unterliegendes Material an Unbefugte weitergegeben hatte. Falls ja, blieb dem Richter für sein Urteil eigentlich kein Spielraum. Ein Schuldspruch war sicher.

Obwohl in den Medien selten erwähnt, war die fehlende Möglichkeit, sich auf ein öffentliches Interesse zu berufen, das wichtigste rechtliche Hindernis, das Snowden bei einer Verteidigung entgegenstand – und das galt auch für Thomas Drake, Jeffrey Sterling und andere Whistleblower aus dem nationalen Sicherheitsapparat. Ein Gericht hatte sich allein mit der Frage zu befassen, ob die Angeklagten tatsächlich klassifizierte Informationen weitergegeben hatten oder nicht. Snowden hatte dies niemals geleugnet, sondern sich im Gegenteil, wie vor ihm Ellsberg, als undichte Stelle zu erkennen gegeben, um Arbeitskollegen vor Verdächtigungen zu schützen. Dass eine Berufung auf das öffentliche Interesse als unzulässig behandelt wurde, hatte durchaus seine Berechtigung. Wenn man dem Staat das Recht zugestand, bestimmte Informationen geheim zu halten, gewisse Vorgehensweisen im Namen des Allgemeinwohls zu verbieten und seinen Beschäftigten absolute Loyalität abzuverlangen, konnte eine Berufung auf das öffentliche Interesse bei Verstößen nicht grundsätzlich als strafausschließender Grund akzeptiert werden. Staatliche Beschäftigte hatten keine Entscheidungsfreiheit darüber, welche Gesetze sie befolgten und welche nicht. Hätten sie doch eine, könnte kein Staat seine Aufgaben erfüllen und seiner Verantwortung gerecht werden. Wo also war zwischen den verschiedenen öffentlichen Interessen – die Handlungsfähigkeit des

Staates wahren oder Missstände aufdecken – die Linie des Erlaubten zu ziehen?

»Wir müssen einen Mittelweg finden«, argumentierte Bea Edwards vom GAP. »In der Zeit nach den Anschlägen vom 11. September 2001 schlug das Pendel zu weit in Richtung nationale Sicherheit aus. Die Staatsgewalt hält Dinge unter Verschluss, bei denen Geheimhaltung schlicht überflüssig ist. Einen Mittelweg zu beschreiten beginnt damit, dass es niemals eine Straftat darstellen darf, eine Straftat anzuzeigen. Wenn eine Regierung oder ein Konzern der Öffentlichkeit schadet und dies mit Lügen verschleiert, muss ein Whistleblower das Recht haben, die Öffentlichkeit darüber aufzuklären.«

»Was wir vertreten, ist eine Einrede des öffentlichen Interesses«, fügte Edwards hinzu. »Wenn jemand gemobbt oder strafrechtlich verfolgt wird, weil er im öffentlichen Interesse seine Stimme erhoben hat, muss er als Whistleblower die Möglichkeit haben, sich zur Wehr zu setzen, indem er nach irgendeiner Maßgabe nachweist, dass seine Offenlegung im öffentlichen Interesse war.«

Michael Hayden vertrat eine entgegengesetzte Sicht. Nach seiner Kritik, die die Dinge allerdings verzerrt darstellt, bedeute ein öffentliches Interesse geltend machen angeblich, »dass es eigentlich unwichtig ist, ob ich gegen das Gesetz verstoßen habe. Ich habe etwas Positives getan und müsste demnach nur aufgrund einer Einschätzung dessen beurteilt werden, wie positiv der Verstoß gewirkt hat. Für manchen mag das eine attraktive Vorstellung sein, aber wenn man sich die amerikanische Geschichte des zivilen Ungehorsams anschaut und Thoreau liest, ist ein solches Vorgehen eben nur dann moralisch zu rechtfertigen, wenn man die Konsequenzen zu tragen bereit ist.«[46]

Eine Rückkehr in die Vereinigten Staaten würde für Snowden bis auf Weiteres in eine Sackgasse führen. Da er sich mit dem öffentlichen Interesse nicht verteidigen kann, liefe sein Verfahren auf kaum mehr als einen Schauprozess hinaus, der mit einer sicheren Verurteilung zu einer Haftstrafe enden würde. Warum sich dem freiwillig unterziehen? »Ich erwarte, dass ich für einige Zeit im Exil leben muss«, sagte er im September 2015.[47]

Nichtsdestotrotz werden die juristischen Probleme und persönlichen Härten, mit denen Snowden zu kämpfen hat – auch die Trennung von Angehörigen und Freunden und das Leben fernab der Heimat –, durch die Genugtuung wettgemacht, seine Mission erfüllt zu haben. »Ich muss derzeit ohne meine Familie leben«, verkündete er über Satellit auf einer Veranstaltung der New Yorker Universität New School. »Ich kann nicht in meine Heimat zurückkehren. (...) Aber es ist unglaublich befriedigend, Teil von etwas zu sein, das größer ist als man selbst. (...) Und es hatte eine gewaltige Wirkung.«[48]

»Ich wollte nur, dass die Öffentlichkeit ein Mitspracherecht dabei hat, wie sie regiert wird«, sagte Snowden Gellman im erwähnten Interview mit der *Washington Post* im Dezember 2013.[49] Gellman listete einige außergewöhnliche politische, wirtschaftliche und juristische Entwicklungen auf, die Snowden ausgelöst hatte. »Jetzt steht sogar die Grundstruktur des Internets in Frage«, schrieb er, »insofern Brasilien und Mitglieder der Europäischen Union Maßnahmen erwägen, um ihre Daten vom Staatsgebiet der USA fernhalten. Und Internetgiganten wie Google, Microsoft und Yahoo unternehmen außergewöhnliche Schritte, um das Sammeln von Daten durch ihre Regierung zu unterbinden«. Zudem stand die NSA wie nie zuvor unter juristischer Beobachtung. In seiner Entscheidung über »eine Klage, die ohne Snowdens Enthüllungen nicht hätte eingereicht werden können«, bezeichnete US-Bezirksrichter Richard Leon die Überwachungsfähigkeiten der NSA als »geradezu orwellianisch«. Dass sie massenhaft Verbindungsdaten von Telefonanschlüssen im Inland sammle, sei »wahrscheinlich verfassungswidrig«.

Am Ende dürfte der Fall vor dem Obersten Gerichtshof landen: Tage nachdem Gellmans Artikel erschien, befand ein zweiter Bundesrichter, dass das Überwachungsprogramm durchaus verfassungsgemäß sei. Die Argumente Michael Haydens wiederholend, erklärte Bundesbezirksrichter William Pauley III.: Wenn das Überwachungsprogramm schon vor dem 11. September 2011 eingeführt worden wäre, hätte es den Behörden die »fehlenden Informationen darüber geliefert«, dass sich Khalid al-Midhar, der Flugzeugentführer von San Diego, in den Vereinigten Staaten aufhielt.[50]

Glenn Greenwald nahm für Snowden eine noch längere Liste an Errungenschaften in Anspruch. In seinem Buch *Die globale Überwachung* argumentierte er, dass die Enthüllungen, bei deren Veröffentlichung er Snowden half, »weit größere, nachhaltigere und weiter reichende« Folgen gehabt hätten, »als wir es jemals für möglich gehalten hatten«. Vor allem hätten sie »die weltweite Aufmerksamkeit auf die Gefahren der allgegenwärtigen staatlichen Überwachung und deren durchgängige Geheimhaltung« gelenkt. Sie hätten »die erste Diskussion darüber …, welche Bedeutung die Privatsphäre des Einzelnen im digitalen Zeitalter besitzt« ausgelöst. »Sie veranlasste Menschen in aller Welt, die Vertrauenswürdigkeit von Äußerungen amerikanischer Politiker in Frage zu stellen.« So sei ein »ideologisch breitgefächertes, parteienübergreifendes Bündnis« entstanden, »das eine tiefgreifende Reform des Überwachungsstaates fordert«.[51]

Und was ist mit dem persönlichen Preis, den Snowden zu zahlen hatte? Greenwald gab sich darüber erfreut, dass es Snowden »geschafft hat, auf freiem Fuß zu bleiben, außerhalb des Zugriffs der Vereinigten Staaten«, und fügte hinzu: »Künftige Whistleblower könnten daraus eine kraftvolle Lehre ziehen: die Wahrheit auszusprechen heißt nicht unbedingt, sein Leben zu zerstören.«

Snowden selbst äußerte sich zum letzten Punkt weniger zuversichtlich, wohl weil er seine Entscheidungen nicht nur abstrakt erwägen, sondern auch mit den Konsequenzen leben musste. »Whistleblower«, sagte er nach zwei Jahren im Exil, »werden aus den Umständen geboren. Zum Whistleblowing beruft sich keiner von selbst, weil es eine ziemlich leidvolle Erfahrung ist. Es zerstört einem das Leben, unabhängig davon, ob man recht oder unrecht hat. (…) Das ist nichts, wozu Menschen sich freiwillig melden.«[52]

Muss die Aufdeckung einer Straftat eine Straftat sein?

Was meint der Leser angesichts dieser kurzen Rekapitulation von Snowdens Erfahrungen? Wird sein Beispiel andere mit Insiderwissen eher dazu ermuntern, sich zu Wort zu melden und Missstände öffentlich zu machen?

Anders gefragt: Würden Snowdens Erfahrungen Sie persönlich zu einem solchen Schritt ermutigen? Was wäre, wenn Sie mitbekämen, dass sich in Ihrer Behörde Dinge abspielen, die Anlass zur Sorge geben? Würden Sie sich trotzdem noch dafür entscheiden, öffentlich Alarm zu schlagen und die Konsequenzen zu tragen, wenn Sie dieses Buch gelesen haben und wissen, wie es Snowden und den anderen erging, deren Fälle in den vorigen Kapiteln genannt wurden: Ellsberg, Drake mit den übrigen der NSA 4 + 1, Sterling, John Crane und der Masse der anderen Whistleblower im öffentlichen wie privaten Sektor?

Denken Sie genau nach. Eine solche Entscheidung würde Ihr Leben auf die eine oder andere Art für immer verändern.

Wenn Sie öffentlich Alarm schlagen, bewirken Sie für sich und Ihre Mitbürger vielleicht bedeutende Veränderungen, die sogar Leben retten könnten. Aber es gibt keine Garantie. Tatsächlich spricht die Wahrscheinlichkeit dagegen. Fast sicher ist allerdings, dass Sie Ihre Karriere, Ihren Ruf, Ihr Geld und Ihr persönliches Glück aufs Spiel setzen und die harte Hand der Macht zu spüren zu bekommen. Zählen können Sie nur auf »die Befriedigung, dass Sie das Richtige getan haben«, um die im vorderen Teil zitierten Worte Tom Devines vom GAP wiederaufzugreifen.

Wenn Sie den Mund halten, müssen Sie andererseits mit dem Bewusstsein leben, dass Sie zu bedrohlichen, illegalen oder moralisch fragwürdigen Praktiken geschwiegen haben, um die eigene Haut zu retten. Dieses Bewusstsein bedeutet ebenfalls eine Bürde, insbesondere dann, wenn am Ende andere unter Ihrem Schweigen zu leiden haben.

Ray McGovern, der ehemalige CIA-Beamte, der beim Treffen zwischen Snowden und Thomas Drake in Moskau dabei war, hatte mit diesem Bewusstsein jahrzehntelang leben müssen. Als junger nachrichtendienstlicher Analyst während des Vietnamkrieges war er mit dem Analystenkollegen Sam Adams befreundet gewesen. Adams hatte einen Geheimbericht verfasst, wonach die tatsächliche Anzahl der feindlichen Truppen, die den Vereinigten Staaten in Vietnam gegenüberstanden, fast doppelt so hoch war wie vom Pentagon behauptet. Er teilte McGovern mit, dass das Verteidigungsministerium diese höhere Anzahl geheim halten wollte: Sie hätte die Anstrengungen der US-Regierung untergraben können, den Krieg als Erfolgsunternehmen darzustellen.

»Ich dachte, jemand muss sich diese Denkschrift verschaffen und sie der *New York Times* vorlegen«, teilte mir McGovern mit. »Ich hätte Sam um eine Kopie bitten können. Aber mir fehlte der Mut. Ich hatte einen Hypothekenkredit laufen und einen neuen Posten in Deutschland in Aussicht. Sämtliche Ausreden, mit denen sich Möchtegern-Whistleblower herumschlagen, gingen mir durch den Kopf. Was kam also heraus? Bis dahin (zur Zeit von Adams Denkschrift) waren rund 25 000 US-Soldaten und annähernd eine Million Vietnamesen umgekommen. Bis zum Ende des Krieges hatten sich beide Zahlen mehr als verdoppelt. Was mir und Sam später zu schaffen machte, war der Gedanke, dass die ganze linke Hälfte des Vietnam (Veterans) Memorial heute nicht dastehen würde, wenn wir damals an die Öffentlichkeit gegangen wären. Das ist eine schwere Bürde, die man mit sich herumschleppt.«

Mit diesen moralischen Zwickmühlen und Kalkülen ist jeder potentielle Whistleblower konfrontiert, ohne dass es allgemeingültige Antworten gibt. Fast jeder Whistleblower, den ich kennenlernte, sagt, dass man in der Situation erst drinstecken muss, ehe man wirklich weiß, wie man reagiert.

Nur die wenigsten Whistleblower suchen den Ärger. Die meisten erfüllen nur als gewissenhafte Mitarbeiter ihre Aufgaben, bis ihnen eines Tages Dinge auffallen, die nicht in Ordnung zu sein scheinen. Mit der Zeit entdecken sie immer mehr

Unregelmäßigkeiten und machen Kollegen und Vorgesetzten darauf aufmerksam, können aber aus verschiedenen Gründen an dem Problem nichts ändern. Am Ende geraten sie in einen moralischen Zwiespalt: zu einem Unrecht oder einer bedrohlichen Entwicklung Stillschweigen wahren oder sie öffentlich zur Sprache bringen und die Konsequenzen in Kauf nehmen?

»Ich stellte mir vor, dass jeder (auf dem Weg zum Whistleblower) andere Erfahrungen macht«, sagte Snowden. »Aber für mich gab es da kein einzelnes Schlüsselerlebnis. Mitzuerleben, wie hochrangige Funktionsträger vor dem Kongress – und damit dem amerikanischen Volk – eine anhaltende Litanei an Lügen abspulten, und zu erkennen, dass der Kongress (...) diese vollauf unterstützte, hat mich zum Handeln gezwungen.«

Snowden hat erklärt, dass er trotz des Preises, den er persönlich und seelisch bezahlen musste, mit seiner Entscheidung zufrieden sei. Immerhin hat er weitaus mehr erreicht, als er zum damaligen Zeitpunkt erwartet hatte. Es sei an seine Befürchtungen erinnert, dass die Öffentlichkeit mit einem »kollektiven Achselzucken« reagieren könnte – ohne angesichts der Überwachungspraktiken, die er ans Licht gebracht hatte, eine Debatte, geschweige denn eine Reform anzustoßen. In dem Fall hätte er sein Leben umsonst ruiniert. Aber so kam es offenbar nicht.

Aber entscheidend für eine Bewertung von Snowdens Enthüllungsaktion ist die Tatsache, dass er bei allen Befürchtungen, dass wenig herauskommen würde, trotzdem an die Öffentlichkeit ging. Spulen wir den Film seines Lebens kurz zu den Monaten und Tagen zurück, als er sich überlegen musste, was er mit den strenggeheimen Dokumenten anstellen würde. An diesem Punkt hatte er keinerlei Gewissheit darüber, dass seine Enthüllungen irgendetwas anderes bewirken würden, als ihn zur Zielscheibe von Vergeltung zu machen. Snowden ging dennoch an die Öffentlichkeit – nicht weil er gute Chancen sah, etwas zu erreichen, sondern weil er das Gefühl hatte, unabhängig von den Erfolgsaussichten einen Versuch wagen zu müssen.

Diese Antriebe weisen Leute wie Edward Snowden, Daniel Ellsberg oder Thomas Drake als Angehörige des Stamms der Whistleblower aus. Zu behaupten, dass sich ihresgleichen bewusst gegen das Schweigen entscheiden, ist nicht ganz richtig, weil sie in Wahrheit gar nicht schweigen *können*. Trotz der Risiken und Nebenwirkungen sehen sie es als eine Pflicht an, auf Missstände aufmerksam zu machen. Ihr Gewissen erlaubt ihnen keinen anderen Weg.

Diese Besonderheit – ihre »moralische Sturheit«, wie ich sie an vorderer Stelle nannte – hebt Whistleblower zugleich von uns übrigen ab und treibt sie dazu an, einen entscheidenden Beitrag zu unser aller Wohl zu leisten. Die meisten in ihrer Haut würden wegschauen, den Mund halten, den Weg des geringsten Widerstands gehen und ihr Nichtstun im Nachhinein vor sich selbst wohl damit rationalisieren, dass man gegen »die da oben« ohnehin nichts ausrichten könne. Anders Whistleblower: Sie reden, wo die meisten anderen schweigen würden, und machen Probleme aus, die nach Aufdeckung schreien. Sie sind tapfer und noch mehr: Sie opfern sich insofern auf, als sie es nicht für sich selbst, sondern für das Wohl von uns allen tun. Und am Ende zahlen sie gewöhnlich einen hohen Preis dafür.

Deswegen schulden wir Whistleblowern Respekt und Dankbarkeit. Auch wenn uns in bestimmten Fällen missfällt, dass ein Whistleblower Geheimnisse verraten hat, profitieren wir doch alle – unabhängig von der politischen Einstellung, der Gemeinschaft oder dem Land, in dem wir leben – von der generellen Bereitschaft der einzelnen Mitglieder dieses Stammes, Dinge offenzulegen, die ohne sie verborgen blieben.

»Jetzt, da die ›Aufpasser‹ im Kongress anstatt die Hüter des öffentlichen Interesses die Geheimdienste anfeuern und da der FISA Amendments Act den Einfluss des (US-Bundesgerichts, das die Überwachungsaktionen der Auslandsgeheimdienste regeln soll,) ausgehebelt hat, bilden Whistleblower faktisch die letzte und beste Kontrollinstanz gegenüber staatlichem Handeln«, sagte Autor James Bamford, der die NSA bekanntermaßen jahrzehntelang studiert hat. »Sie sind eine tapfere und kostbare Ressource.« Insofern hat jeder ein Interesse daran, Whistleblowern das Recht zu garantieren, Missstände notfalls auch öffentlich bekannt zu machen. Dies bedeutet unter anderem, ihnen und ihren Aktionen Schutz zu gewähren und sie durch Ermutigungen zu begleiten. Whistleblower benötigen insbesondere eine effiziente und gut umsetzbare Gesetzgebung, eine verantwortungsvolle Berichterstattung durch die Medien und eine standhafte öffentliche Unterstützung.

Davon sind wir heute leider weit entfernt. Selbst in den Vereinigten Staaten, wo Whistleblowern dank des weltweit umfangreichsten Gesetzespakets auf dem Papier Schutz genießen und wo die Pressefreiheit offiziell relativ geringfügig eingeschränkt ist, handeln Betroffene noch immer auf eigene Gefahr. Die in diesem Buch behandelten Fälle illustrieren dies nur allzu deutlich.

In anderen Ländern tritt das Problem im Allgemeinen in verschärfter Form auf. Den meisten fehlen Gesetze, die ausdrücklich das Aufdecken von Missständen behandeln. Damit sind diejenigen, die die Wahrheit sagen wollen, den Vertretern der Staatsgewalt ohne jeden juristischen Schutz ausgeliefert. Besonders prekär ist die Lage unter autoritären Regierungen, in denen nur die Allertapfersten zu reden wagen. Einen so couragierten Whistleblower zu interviewen hatte ich vor Jahren die Ehre: Alexander Nikitin, den ehemaligen Kommandeur eines Atom-U-Boots. Wie ich im September 2000 in der *Los Angeles Times* schrieb, »begannen Nikitins Schwierigkeiten mit den Behörden 1996, als er mit Enthüllungen zu einem ›Tschernobyl in Zeitlupe‹, so seine Worte, weltweit Schlagzeilen machte: Die russische Marine entsorgt stillgelegte Atom-U-Boote rücksichtslos in der Barentssee und auf der Halbinsel Kola. (...) Nikitin untermauerte seine Enthüllungen nur mit veröffentlichtem Informationsmaterial. Dennoch verklagte ihn der russische Inlandsgeheimdienst FSB, der Nachfolger des KGB, wegen Spionage – auf der Grundlage eines Gesetzes, das erst Monate nach seiner Verhaftung verfasst worden war. Nikitin verbrachte zehn Monate im Gefängnis und kämpfte sich drei Jahre lang durch das Gerichtssystem.«[53] Am Ende lehnte das Stadtgericht St. Petersburg die vorgelegten Beweise ab, womit sich die russischen Behörden aber keineswegs abfanden. In einem Manöver von kafkaesker Absurdität strebten die Staatsanwälte rasch einen neuen Prozess an. Auf welcher Grundlage? Die staatlichen Behörden hätten beim Versuch, Nikitins Verurteilung zu erreichen, dessen Rechte verletzt.

Die Rechte von Whistleblowern erweisen sich als ein ausgezeichnetes Barometer dafür, wie es um demokratische Rechte generell bestellt ist. Dem Individuum das Recht zu garantieren, die Obrigkeit herauszufordern, ist schließlich ein Prüfstein dafür, ob eine Regierung ihren Bürgern Rechenschaft schuldet: Stehen staatliche Vertreter über dem Gesetz oder unterliegen sie denselben Regeln wie alle übrigen? Dieses Prinzip wurde von der Europäischen Union anerkannt, zumindest mit Blick auf die Staaten des ehemaligen Ostblocks. Nach dem Zusammenbruch der Sowjetunion strebten viele von ihnen eine Mitgliedschaft in der EU an. Ein Kriterium für den Beitritt bildete die Einführung von Gesetzen und Verordnungen zum Schutz von Whistleblowern sowie deren konsequente Umsetzung.

Und wen engagierte die EU, um diese östlichen Beitrittsländer dabei zu unterstützen, entsprechende Gesetze auszuformulieren? Natürlich das Government Accountability Project. Tom Devine unternahm mehr als ein Dutzend Reisen hinter den ehemaligen Eisernen Vorhang, um in der Slowakei, der Tschechischen Republik und Serbien die Teams der Juristen zu schulen und zu begleiten, die Entwürfe für moderne Gesetze für Whistleblower ausformulierten. »Es ist eine erfüllende Aufgabe, an der Ausarbeitung eines neuen Rechtssystems mitzuwirken«, sagte Devine. »Inzwischen hat Serbien zum Beispiel das effizienteste Whistleblower-Recht der Welt«, fügte er hinzu, »bedeutend effizienter als das der Vereinigten Staaten.« Ein zentrales Prinzip dieser Gesetze sollte einen direkten Bezug zum Fall Snowden bekommen. Laut ihm stellt es keine Straftat dar, wenn man eine Straftat anzeigt. Wenn ein Whistleblower Beweise vorlegt, dass beispielsweise ein staatlicher Vertreter oder eine Behörde in kriminelle Machenschaften verstrickt ist, ist er vor einer juristischen Verfolgung auch dann sicher, wenn Gesetze deren Offenlegung verbieten. Dieses Prinzip öffnet faktisch die Tür zur »Einrede des öffentlichen Interesses«, die nach US-Recht unzulässig ist. Würde es in den USA eingeführt, könnte ein Verfahren gegen

Snowden nicht mehr auf die Frage begrenzt bleiben, ob er Geheimnisverrat begangen hat oder nicht. »Ich wäre begeistert, wenn wir Serbiens neues Whistleblower-Recht bei uns in den USA einführen könnten«, sagte Devine.

Einstweilen seien öffentliche Aufklärung und Mobilisierung entscheidend, sagte Norman Solomon, dessen Arbeit für Jeffrey Sterling zur Gründung des gemeinnützigen Projektes ExposeFacts.org führten. »Wenn Menschen nicht merken, wie viel sie in ihrem Leben Whistleblowern verdanken, übersehen sie womöglich, wie wichtig diese sind«, sagte mir Solomon. »Wir wollen ihr Wirken aus dem Schatten holen. Es darf nicht im Verborgenen stattfinden. Wir müssen es ans Licht bringen, zu ihm ermuntern und es finanziell und durch öffentliche Aufklärung und Aktionen unterstützen.«

»Es geht darum, die Rolle des Journalismus zu verbessern«, fuhr Solomon fort. Seiner Auffassung nach erschütterten »Whistleblower oft das Bild von der Macht, das Konzernmedien häufig vermitteln. So erinnern sie uns beispielsweise daran, dass die Staatsmacht, insbesondere in Zeiten des Krieges, Lügen verbreitet, während die Konzernmedien den Amerikanern üblicherweise eine ganz andere Botschaft verabreichen.«

Wirklich? Wissen die Amerikaner tatsächlich nicht, dass ihre Regierung lügt?

»In der Theorie ist vielen Amerikanern bewusst, dass sie belogen werden«, antwortete Solomon. »Aber das blenden sie in der Hitze des Augenblicks aus. Das haben wir erlebt, als die Bush-Regierung ihren Einmarsch in den Irak mit falschen Beschuldigungen wegen angeblicher Massenvernichtungswaffen gerechtfertigt hat. Diese Behauptungen haben die Konzernmedien, angefangen mit der *New York Times,* in den

Monaten vor der Invasion mit Begeisterung ausgeschmückt. Die Geschichte scheint sich ständig zu wiederholen.« Zu viele etablierte Medien, insbesondere in Washington, unterhielten eine zu große Nähe zur Regierung, diagnostizierte Jesselyn Radack, die sich aus GAP zurückgezogen und ExposeFacts.org angeschlossen hat. Beim Nachdenken über ihre Rolle als Anwältin für Snowden, Drake und andere Whistleblower teilte sie mir mit, dass das Washingtoner Pressecorps dazu neige, Regierungsvertretern eher nach dem Mund zu reden, als kritische Fragen zu stellen. Das verschaffe der »US-Regierung das größte Mikrophon der Welt. Wenn sie einen Schmähartikel zu Snowden wünscht, genügt ein Telefonanruf, und schon erscheint die Story auf der Titelseite der *New York Times* oder eines anderen wichtigen Blattes. Siehe die Schlagzeilen, nachdem Snowden auf dem Moskauer Flughafen festhing: ›Snowden flieht nach Russland.‹ Kein einziger etablierter Journalist hat sich bei mir, seiner Anwältin, telefonisch erkundigt, ob das wirklich stimmt. Wenn sie es getan hätten, hätte ich ihnen erklärt, dass er dort nur festsaß, weil die US-Regierung seinen Pass für ungültig erklärt hatte. Keiner hatte es nötig nachzufragen.«

Eine übertriebene Nähe zur Regierung behindert die Nachrichtenmedien nicht nur darin, die vom 1. Zusatzartikel der US-Verfassung zugewiesene Aufgabe zu erfüllen, als Kontrollorgan gegenüber der Regierung zu fungieren, sie schreckt Whistleblower möglicherweise auch von aufsehenerregenden Enthüllungen ab. Es sei daran erinnert, dass der *New York Times* der Snowden-Knüller gerade wegen ihrer Nähe zur Macht entgangen ist. Wie Snowden einem ihrer Journalisten später mitteilte, hatte bei seiner Entscheidung die Tatsache den Ausschlag gegeben, dass die Zeitung die Veröffentlichung des Artikels von James Risen und Eric Lichtblau auf Anweisung der Bush-Administration zurückgestellt hatte. Snowden dachte gar nicht daran, seine Story und sein Leben der *Times* anzuvertrauen – trotz deren Reichweite und Einfluss. Der Verlust der *Times* wurde zum Gewinn des *Guardian:* eine Lektion für Journalisten und ihre geschäftsführenden Vorgesetzen überall.

Wo waren die Whistleblower im Exxon-Konzern?

Als ich die Arbeit an diesem Buch beendete, gab es sensationelle Neuigkeiten, aus denen sich für das Whistleblowing wertvolle Lehren ziehen ließen. Im Herbst 2015 veröffentlichten Journalisten die Ergebnisse zweier Recherchen, wonach der Exxon-Konzern jahrzehntelang Lügen über die Erderwärmung verbreitet hatte.[54] Laut diesen Enthüllungen, die unabhängig voneinander in der *Los Angeles Times* und in *Inside Climate News* erschienen, waren Exxons Spitzenmanager und Konzernvorstand schon Mitte der 1980er-Jahre vollauf darüber im Bilde, dass die Verbrennung von Öl, Gas und anderen fossilen Energieträgern zu einem weltweiten Anstieg der Temperaturen führen würde – mit gefährlichen Folgen für die Zukunft der Menschheit: dramatischere Hitzewellen, hartnäckigere Dürren, heftigere Stürme und ein Anstieg der Meeresspiegel. Die Führer des Ölgiganten kannten die Gefahren deshalb, weil sich ihre eigenen Wissenschaftler mit dem Problem eingehend befasst und auf die Ergebnisse wiederholt hingewiesen hatten. Das Management nahm diese so ernst, dass sie sogar ihre Konzernpraktiken an sie anpasste. So bezogen beispielsweise die Ingenieure den veranschlagten Anstieg der Meeresspiegel ins Kalkül mit ein, wenn sie neue Anlagen für die Logistik konstruierten. Und wie ein nachfolgender Bericht in *Inside Climate News* offenbarte, war Exxon dabei nicht allein: Die Ergebnisse der Klimaforschung in den 1980er-Jahren waren auch anderen Ölkonzernen bekannt, die daraufhin ebenfalls Schritte einleiteten, um ihre Investitionen vor den Folgen des Klimawandels zu schützen.[55]

Dies geschah freilich hinter den Kulissen. In der Öffentlichkeit stritten Exxon und andere in der Ölindustrie ab, was sie über die Erderwärmung wussten. Ihre Manager und Sprecher betonten, dass die Forschungsergebnisse zum menschengemachten Klimawandel höchst unzuverlässig seien und kein staatliches Handeln leiten dürften. Exxon (später ExxonMobil) setzte sich an die Spitze der Bewegung. Ab 1997 finanzierte der Ölkonzern mit mindestens 29,9 Millionen US-Dollar[56] PR-Gruppen, Lobbykampagnen und andere Bemühungen, um diesen Klimawandel als eine »Prämisse« zu diskreditieren, »die dem gesunden Menschenverstand widerspricht«,[57] so Lee Raymond, ExxonMobils Vorstandsvorsitzender und Geschäftsführer 1997 in einer Rede gegen das Kyoto-Protokoll. Dieses internationale Abkommen sollte den Ausstoß von Klimagasen begrenzen.

Die Lügen der Ölriesen hatten weitreichende Folgen. Zusammen mit dem politischen Druck, den diese reichsten Konzerne der Geschichte ausüben konnten, bildeten sie in den zurückliegenden drei Jahrzehnten das bedeutendste Hindernis, wenn es darum ging, dem Klimawandel mit staatlichen Maßnahmen zu begegnen. Am deutlichsten übten Exxon und Co. ihren Einfluss in der Republikanischen Partei aus, in der es nachgerade zum Lackmustest für ideologische Gefolgschaft wurde, die Ergebnisse der anerkannten Klimaforschung zu bestreiten. Und dieses Kriterium wurde von praktisch sämtlichen republikanischen Kongressmitgliedern und Präsidentschaftskandidaten begrüßt. Ohne diese reflexhafte Opposition hätte die US-Regierung fraglos schon früher und entschlossener Schritte eingeleitet, um die Verbrennung fossiler Energieträger und damit den globalen Temperaturanstieg zu begrenzen.

Die Kausalkette reicht noch weiter: Hätten die Vereinigten Staaten gehandelt, hätten sie damit die Blockade aufgelöst, die in der internationalen Gemeinschaft beim Klimaschutz in den letzten 25 Jahren herrschte. In dieser Zeit stellten China und andere Schwellenländer immer wieder die Frage, warum sie ihre Emissionen zurückfahren sollten, wenn sich die USA als weltweit größter Verursacher des Klimawandels weigerten, das Problem überhaupt anzuerkennen.

Wie ich vom UN-Klimagipfel in Paris im Dezember 2015 berichtete, wäre dort eine deutlich ambitionierte Übereinkunft erreichbar gewesen, wenn die US-Delegation keine Rücksichten auf den republikanisch dominierten US-Senat hätte nehmen müssen: Dieser hätte eine verbindliche Reduzierung von Emissionen und andere zwingende Maßnahmen mit Sicherheit abgelehnt.[58] Entsprechend wäre auch das löbliche Ziel des Gipfels, den Temperaturanstieg auf »deutlich unter« 2 Grad C gegenüber dem vorindustriellen Zeitalter zu beschränken und eine Grenze von 1,5 Grad C »anzustreben«, nach Paris deutlich leichter zu erreichen gewesen, hätten nicht die Ölkonzerne und die von ihnen finanzierten Politiker jeden Fortschritt in den vorangegangenen zwei Jahrzehnten blockiert. In dieser Zeitspanne wurden so viele weitere Treibhausgase emittiert, dass die weltweite Temperatur gegenüber dem vorindustriellen Zeitalter inzwischen um 1 Grad C angestiegen ist. Deswegen müssen nach dem Pariser Gipfel die Emissionen in einem atemberaubenden Tempo verringert werden.

Ein »Verbrechen gegen die Menschheit«, nannte der deutsche Forscher Hans Joachim Schellnhuber, der Papst Franziskus bei der Enzyklika *Laudato Si* von 2015 zum Klimawandel beriet, das Vorgehen derer, welche die Ergebnisse der Klimaforscher leugneten oder die bewusst politische Ansätze blockierten, um dem Klimawandel zu begegnen.[59] Exxons Führungskräfte wirkten daran mit, dass die CO_2-Emissionen über Jahrzehnte weiter anstiegen, obwohl sie durch ihre Wissenschaftler im Konzern wussten, dass dies ein Desaster heraufbeschwor. Damit tragen sie eine Mitschuld an der Destabilisierung des Klimas, auf das jeder Erdenbürger für seine Ernährung, seine Versorgung mit Wasser und seinem Grundbedarf zum Leben angewiesen ist. Wenn dies kein Verbrechen ist, was sonst?

Als Vater einer elfjährigen Tochter teile ich Schellnhubers Sicht und seine Wut. Ich kenne Eltern, denen es ebenso geht. Alle in der Zivilgesellschaft – Eltern, Klimaaktivisten, religiöse Organisationen, lokale und nationale Regierungen, Bildungseinrichtungen, gewerbliche und andere kommerzielle Betriebe sowie gewöhnliche Menschen rund um den Globus – sind jetzt dazu aufgerufen, die nationalen Regierungen zu drängen, das Pariser Abkommen zu erfüllen. Das Ergebnis dieses Gipfels ist einer von zahlreichen Lichtblicken, die neuerdings Hoffnung wecken, dass wir unseren Kindern doch noch einen lebenswerten Planeten sichern können. Aber es bleibt ein Verbrechen, dass die Weltgemeinschaft heute am Rand des Klimakollapses steht, weil Einzelne ihre profitmaximierenden Interessen durchsetzten.

Und hier kommen die Whistleblower ins Spiel: Wenn die

Betrügereien von Exxon und anderen Ölmultis ans Licht gekommen wären, hätten diese ihren verheerenden Einfluss nicht geltend machen können. Wäre ein Hinweisgeber aus einem Konzern – zum Beispiel einer der Wissenschaftler, die den Zusammenhang zwischen der Verbrennung fossiler Energieträger und Erderwärmung erforscht haben – schon in den 1980er-Jahren an die Öffentlichkeit getreten, wären Exxon und die übrigen Ölkonzerne mit ihrem Schwindel gescheitert. Hätte ein Exxon-Mitarbeiter Alarm geschlagen wie einst in der Tabakindustrie der Forschungsleiter Jeffrey Wigand, hätten die Ereignisse einen anderen Verlauf genommen. Die US-Medien wären kaum auf die Lüge hereingefallen, wonach die Klimaforschung unzuverlässige Ergebnisse abwerfe. Eine fundiertere Berichterstattung hätte ein stärkeres öffentliches Bewusstsein geschaffen und Rufe nach einem Eingreifen laut werden lassen. Und die Vertreter der staatlichen Politik hätten eher dazu geneigt, den Klimawandel als Ernstfall zu behandeln, anstatt mit Winkelzügen, Zickzackkursen, Wegleugnen und Verschleppen über ihn hinwegzugehen. Die Zukunft der Welt wäre heute sicherer. Gibt es ehemalige Exxon-Mitarbeiter, die, wie Ray McGovern angesichts der Namen der Zigtausend getöteten amerikanischen Soldaten auf der linken Seite des Vietnam Veterans Memorials, eine Mitverantwortung spüren, weil sie zu den Lügen ihres Konzerns schwiegen? Falls ja, haben sie sich bislang nicht öffentlich dazu bekannt. Aber sie müssen mit ihrer Entscheidung leben – und auch damit, dass sie inzwischen weithin bekannt geworden ist.

Jeder, der da glaubt, Aktionen von Whistleblowern seien sinnlos oder ein Anliegen für Randgruppen, sollte nochmals nachdenken. Der Fall Exxon oder die Schicksale von Edward Snowden, Thomas Drake, John Crane oder der zahlreichen anderen Whistleblowern, die in diesem Buch erwähnt wurden, lehren das Gegenteil. Wie mir vielmehr scheint, hängen unsere Lebensart, unsere Freiheit und vieles andere von der Entscheidung Einzelner ab, notfalls öffentlich Alarm zu schlagen: von diesem besonders tapferen, exzentrischen und moralisch unbeugsamen Stamm, der diese Art des zivilen Engagements mit Leben erfüllt. Whistleblower brechen mitunter Gesetze, sind bisweilen schwierig und haben keineswegs immer recht. Aber ohne sie läuft die Gesellschaft – mit uns allen – Gefahr, von einer Katastrophe in die nächste zu stolpern. Sie seien gepriesen, trotz all ihrer Fehler und Unzulänglichkeiten.

ANHANG

Anmerkungen

1 AJ+,5.Aug.2015,https://www.youtube.com/watch?v=MKnnnufSYL0/.

2 *New York Times*, 8. Juni 2014, http://www.nytimes.com/2014/06/08/books/review/no-place-to-hide-by-glenn-greenwald.html/)

3 Greenwald, Glenn: *Die globale Überwachung. Der Fall Snowden, die amerikanischen Geheimdienste und die Folgen*. A. d. Engl. v. Thomas Wollermann, Maria Zybak, Robert A. Weiß u. Gabriele Gockel, München 2014, erw. TB-Ausgabe 2015, S. 42

4 Ebd., S. 62

5 NBC News, 28. Mai 2014, http://www.nbcnews.com/politics/first-read/kerry-snowden-coward-traitor-n116366/.

6 *The Hill*, 3. Oktober 2013, http://thehill.com/policy/technology/326315-former-nsa-chief-jokes-about-putting-snowden-on-kill-list/

7 CNN, 19. November 2015: http://www.cnn.com/videos/us/2015/11/19/ex-cia-director-james-woolsey-edward-snowden-intvw-nr.cnn/

8 *BuzzFeed*, 16. Januar 2014, http://www.buzzfeed.com/bennyjohnson/americas-spies-want-edward-snowden-dead#.hdbRpvvJYZ/

9 *The Nation*, 10. Oktober 2014, http://www.thenation.com/article/edward-snowden-speaks-sneak-peek-exclusive-interview/

10 *The Huffington Post*, 29. Mai 2014, http://www.huffingtonpost.com/2014/05/29/daniel-ellsberg-john-kerry-snowden_n_5412980.html/)

11 *The New York Times*, 13. August 2013, http://www.nytimes.com/2013/08/13/us/nsa-leaks-make-plan-for-cyberdefense-unlikely.html?pagewanted=all&_r=1&/

12 So der Wortlaut in einer Gesprächsrunde an der New School in New York City, auf Video dokumentiert für *Times Talks*, http://timestalks.com/laura-poitras-glenn-greenwald-edward-snowden.html/

13 James Bamford: *The Shadow Factory: The NSA From 9/11 to the Eavesdropping on America*, New York 2009, S. 122.

14 Mayer, Jane: »The Secret Sharer«, in: *The New Yorker*, 23. Mai 2011.

15 AJ+, 5. August 2015, siehe https://www.youtube.com/watch?v=MKnnnufSYL0/.

16 Einzelheiten zur Weitergabe geheimer Dokumente von Bradley Manning an WikiLeaks siehe Janet Reitman, »The Trials of Bradley Manning«, in: *Rolling Stone*, 14. März 2013, http://www.rollingstone.com/politics/news/the-trials-of-bradley-manning-20130314?page=3/.

17 Ebenda.

18 Zu Katharine Guns Whistleblower-Aktion siehe *The Guardian*, 31. Januar 2016, http://www.theguardian.com/film/2016/jan/31/katharine-gun-observer-iraq-war-whistleblower-hollywood-film-official-secrets/.

19 *The Washington Post*, 7. März 1979, http://www.washingtonpost.com/archive/politics/1979/03/07/tapes-show-nixon-role-in-firing-of-ernest-fitzgerald/048cd88e-60e5-498d-a8e2-e3b39461356b/.

20 Charles Grassleys Kommentare zu Earnest Fitzgerald siehe http://capitolwords.org/date/2006/03/06/S1780-2_honoring-a-ernest-fitzgerald/.

21 Weitere bemerkenswerte Fälle von Whistleblowing siehe den Abschnitt »Other notable cases« in Tom Devine und Tarek F. Maassarani, *The Corporate Whistleblower's Survival Guide*, San Francisco 2011, S. 13.

22 Ebenda, S. 18.

23 Ralph Nader prägte den Begriff des Whistleblowers, so in: *The Wall Street Journal* vom 12. Juli 2013.

24 Diese Strategie des GAP ist beschrieben in *The Corporate Whistleblower's Survival Guide*, op. cit., S. 5, 15.

25 Die Schilderung des Zimmer-AKWs basiert auf Interviews des Autors mit Devine und Clark sowie auf der *New York Times* vom 22. Januar 1984: http://www.nytimes.com/1984/01/22/us/nearly-completed-nuclear-plant-will-be-converted-to-burn-coal.html/

26 Die Geschichte von Dr. Carl Teleen ist nachzulesen in *Blowing the Whistle: Dissent in the Public Interest* von Charles Peters und Taylor Branch, New York 1972, S. 244 f.

27 Mein Knüller erschien in der Novemberausgabe 2003 von *Vanity Fair* unter der Überschrift »Nuclear Insecurity«.

28 Die *New York Times* veröffentlichte am 26. Mai 2004 eine Anmerkung der Redaktion über ihre inkorrekte Berichterstattung vor dem Irakkrieg: http://www.nytimes.com/1984/01/22/us/nearly-completed-nuclear-plant-will-be-converted-to-burn-coal.html/

29 Tom Devine, *The Whistleblower's Survival Guide: Courage Without Martyrdom*, Washington, D. C., 1997, S. 23.

30 Snowden und Ellsberg bei der Hope X Conference: https://www.youtube.com/watch?v=6PHFjLkwOZE/

31 Günther Rüdels eidesstattliche Erklärung liefert ein minutengenaues, auf Deutsch verfasstes Augenzeugenprotokoll des Bürgerbräu-Putschs, das der Tageszeitung *Münchner Merkur* übergeben, aber unerklärlicher-

weise nie veröffentlicht wurde. Crane hat eine Kopie dieser eidesstattlichen Erklärung sowie ein Telegramm von Günther Rüdel, das deren
Echtheit bestätigt, dem Autor dieses Buches zur Verfügung gestellt, die
im Anhang abgedruckt werden.

32 http://www.grassley.senate.gov/news/news-releases/grassley-talks-
about-anniversary-whistleblower-protection-act.

33 Über die Übertragung der Ausgabenbefugnis der NSA durch den Kon-
gress wurde in *The Baltimore Sun* vom 20. Juli 2003 berichtet. Dass der
Kongress das Trailblazer-Programm stoppte, berichtete Jane Mayer in
The New Yorker, op. cit.

34 Weiterführende Informationen zu Dan Meyer und der Tragödie um
die USS *Iowa*: https://en.wikipedia.org/wiki/Daniel_P._Meyer und
https://en.wikipedia.org/wiki/USS_Iowa_turret_explosion.

35 »The United States of Secrets«, *Frontline*, 13. Mai 2014, http://www.
pbs.org/wgbh/pages/frontline/government-elections-politics/united-
states-of-secrets/the-frontline-interview-diane-roark.

36 *The Intercept*, 17. Juni 2015, https://theintercept.com/2015/06/17/hay
den-mocks-extent-post-snowden-surveillance-reform-2-years-cool.

37 Times Talks, op cit., http://timestalks.com/laura-poitras-glenn-green-
wald-edward-snowden.html.

38 Luke Harding, *The Snowden Files: The Inside Story of the World's Most
Wanted Man*, New York 2014, S. 52.

39 Über die Meinung einiger FBI-Agenten zu Petraeus' Urteil wurde in
The Washington Post vom 23. April 2014 berichtet, siehe https://www.
washingtonpost.com/world/national-security/petraeus-set-to-plead-
guilty-to-mishandling-classified-materials/2015/04/22/3e6dbf20-e8f5–
11e4-aae1-d642717d8afa_story.html. Über Petraeus' Vortragshonorare
wurde in *The Daily Beast* vom 22. April 2014 berichtet, siehe http://www.
thedailybeast.com/articles/2015/04/22/the-double-standard-for-
david-petraeus.html.

40 Diese Darstellung von Jeffrey Sterlings Fall beruht auf einem Interview des Autors mit Norman Solomon und auf Sterlings Äußerungen in
dem Dokumentarfilm *The Invisible Man*, siehe https://exposefacts.org/
watch-the-short-documentary-the-invisible-man-nsa-whistleblower-
jeffrey-sterling.

41 Holly Sterlings Kommentare wurden am 15. Oktober 2015 in der Sendung *Democracy Now!* ausgestrahlt, siehe http://www.democracynow.
org/2015/10/15/breaking_silence_wife_of_jailed_cia.

42 Haydens Äußerungen gegenüber Charlie Rose siehe die Sendung am
22. Februar 2016, http://www.charlierose.com/watch/60690778.

43 *The Nation*, 10. Oktober 2014, http://www.thenation.com/article/ed
ward-snowden-speaks-sneak-peek-exclusive-interview/.

44 Snowden äußerte seinen Wunsch, in die USA zurückzukehren, wenn ihn dort ein faires Verfahren erwarte, in einem Interview auf Al Jazeera America, das am 4. September 2015 ausgestrahlt wurde, siehe http://www.aljazeera.com/programmes/upfront/2015/09/edward-snowden-speaks-mehdi-hasan-150904102133681.html/.

45 *The Guardian*, 1. Juni 2015, http://www.theguardian.com/us-news/2015/jun/01/edward-snowden-nsa-surveillance-patriot-act-whistle blowers-daniel-ellsberg/.

46 Hayden kritisierte die Einrede des öffentlichen Interesses in der Charlie Rose Show, a. a. O., siehe http://www.charlierose.com/watch/60690 778.

47 Siehe http://www.aljazeera.com/programmes/upfront/2015/09/edward-snowden-speaks-mehdi-hasan-150904102133681.html/.

48 Times Talks, a. a. O., http://timestalks.com/laura-poitras-glenn-green wald-edward-snowden.html/.

49 *Washington Post*, 3. Dezember 2014, https://www.washingtonpost.com/world/national-security/edward-snowden-after-months-of-nsa-revela-tions-says-his-missions-accomplished/2013/12/23/49fc36de-6c1c-11e3-a523-fe73f0ff6b8d_story.html/.

50 Einen Bericht zu Pauleys Richterspruch siehe *The Huffington Post*, 27. Dezember 2013, http://www.huffingtonpost.com/2013/12/27/nsa-lawsuit-dismissed_n_4508903.html/.

51 Glenn Greenwalds Liste zu Snowdens Leistungen siehe Greenwald: *Die globale Überwachung*, S. 361

52 Äußerungen gegenüber KALW public radio program, Philosophy Talk, ausgestrahlt am 12. Juli 2015.

53 Mein Bericht zu Nikitin siehe *The Los Angeles Times*, 11. September 2000, http://articles.latimes.com/2000/sep/11/local/me-19219/.

54 Die ersten Ergebnisse der Recherchen von *Inside Climate News* zu Exxon wurden am 16. September 2015 veröffentlicht, siehe http://insideclima tenews.org/news/15092015/Exxons-own-research-confirmed-fossil-fuels-role-in-global-warming/. Die *Los Angeles Times* veröffentlichte die ersten Ergebnisse ihrer Recherchen (in Zusammenarbeit mit der Columbia University School of Journalism) am 9. Oktober 2015, http://gra phics.latimes.com/exxon-arctic/#about/.

55 Die Rechercheergebnisse von *Inside Climate News* zu anderen Ölkonzernen neben Exxon erschienen am 22. Dezember 2015, siehe http://inside climatenews.org/news/22122015/exxon-mobil-oil-industry-peers-knew-about-climate-change-dangers-1970s-american-petroleum-institute-api-shell-chevron-texaco/.

56 Zu den 29,9 Millionen Dollar, die Exxon zur Desinformation zum Klimawandel ausgab, siehe den Bericht von »Exxon Secrets«, eine For-

schungsgruppe bei Greenpeace USA, http://exxonsecrets.org/html/index.php/.

57 Lee Raymonds Zitat zur Prämisse, die dem gesunden Menschenverstand widerspreche, siehe Steve Coll, *Private Empire: ExxonMobil and American Power*, New York 2012, S. 81ff., 179 f. und 534–537.

58 Meine Erörterung, wie die Leugnung von Fakten zum Klimawandel durch die Republikaner die Pariser Übereinkunft abschwächten, siehe *The Nation*, 14 Dezember 2015, http://www.thenation.com/article/the-fate-of-the-world-changed-in-paris-but-by-how-much/?nc=1/.

59 Zu Schellnhubers Standpunkt, wonach »Verbrechen gegen die Menschheit« begangen würden, siehe auch Mark Hertsgaard, *HOT: Living Through The Next Fifty Years On Earth*, Boston 2011. S. 254 f.

Erinnerungen an den Hitler-Putsch 1923, die Günther Rüdel 1948 dem *Münchner Merkur* angeboten hat

Günther Rüdel
München 23
Kaiserstrasse 14

München 23 Kaiserstrasse 14/II

Aus meinen Aufzeichnungen und Erinnerungen habe ich einen kurzen Tatsachenbericht über den Hitlerputsch vor 25 Jahren & die Einstellung der Reichswehr zu Hitler vor 1933 zusammengestellt.

Ich war 1923 Generalstabsoffizier in München. Als Verbindungsoffizier zum Generalstaatskommissar von Kahr habe ich die Ereignisse aus nächster Nähe gesehen & erlebt, soweit ich nicht unmittelbar persönlich beteiligt war.

Falls Sie Interesse an diesem Bericht für die Veröffentlichung in Ihrem Blatte haben, bitte ich um baldige Nachricht. Gegebenenfalls werde ich das Manuskript (8 Maschinenseiten) sofort übersenden.

Mit vorzüglicher Hochachtung!

Günther Rüdel   10. Oktober 1948
München 23, Kaisertsr. 14/II

DIE REICHSWEHR UND HITLER

Erinnerungen an den Hitlerputsch vor 25 Jahren

Anfang November 1923 hatte das Wehrkreiskommando VII München
zuverlaessige Nachrichten vom Standortältesten Bayreuth erhalten,
dass Hitler für die nächste Zeit einen gewaltsamen Umsturz in
Bayern vorbereitete. Er beabsichtige in München eine
Reichsdiktatur auszurufen, um von Bayern aus "den Marsch nach
Berlin" anzutreten und ein Grossdeutsches Reich unter seiner
Führung zu errichten.

In einer Besprechung der Führer der Nationalsozialisten am 26.
Oktober in München erklärte Hitler oder sein Beauftragter:
"Alles ist vorbereitet. Der Zeitpunkt steht noch nicht fest.
Es muss mit schärfstem Terror vorgegangen werden. Die Führer
haben sich jetzt schon die Persönlichkeiten auszusuchen, die
zu beseitigen sind, usw."

General von Lossow, damals Befehlshabender im Wehrkreis VII
(Bayern), warnte Hitler und Ludendorff eindringlich. Er würde
jeden Gewaltakt Hitlers rücksichtslos manu militari
niederschlagen. Nach anfänglichem Zögern versprachen Hitler
und Ludendorff nichts zu unternehmen.

Am 6. November abends versammelte der Polizeichef, Oberst von
Seisser, im Auftrage des Generalstaatskommisars von Kahr *)
- er war seit seit 26. September 1923 von der Bayerischen
Regierung eingesetzt, um gegen alle Störungsversuche von rechts
oder links die Ruhe und Ordnung aufrecht zu erhalten - die Führer
aller nationalsozialistischen Organisationen und der ihnen
nahestehenden Verbände sowie der übrigen vaterländischen
Verbände, die im allgemeinen als zuverlässig angesehen werden
konnten, im Generalstaatskommissariat.

In Gegenwart von Lossow und von Seisser erklärte von Kahr, dass
die umstürzlerischen Absichten der Nationalsozialisten bekannt
geworden wären, dass aber Hitler und Ludendorff versprochen
hätten, auf einen Putsch zu verzichten. Andernfalls würde von
Kahr mit den ihm zur Verfügung stehenden Machtmitteln jeden
Versuch die staatliche Ordnung zu stören, im Keime ersticken.

Am folgenden Morgen gab von Lossow den versammelten
Standortältesten entsprechende Weisungen fuer den Fall, dass

---

*) Bekanntlich wurde er am 30. Juni 1934 im KZ Dachau
totgeschlagen.

Hitler und Ludendorff trotz ihres Versprechens einen Putsch
versuchen sollten.

(Rückschauend wäre es vielleicht richtiger gewesen bei der
Besprechung im Generalstaatskommissariat alle
nationalsozialistischen Führer vorsorglich zu verhaften.)

Am 7. November vormittags wurden von Kahr, von Lossow und von
Seisser überraschender Weise telefonisch zu einer Versammlung
der vaterländischen Verbände am 8. November abends im Bürgerbräukeller eingeladen, die eine besondere Ehrung für Herrn von Kahr
sein sollte. Von Kahr wurde auch gebeten eine programmatische
Rede gegen den Marxismus zu halten. Von Kahr, von den
verschiedensten Seiten gedrängt, nahm schliesslich trotz der
ungewöhnlichen Art der Einladung und des unklaren Rahmens der
Veranstaltung an.

Am 8.11. vormittags rief bei General von Lossow Ludendorff
persönlich an, ob von Lossow am Abend bestimmt kommen würde?
Nach dem Gespräch sagte mir*) von Lossow, er sei ueberzeugt,
dass Hitler das Gespräch mit Ludendorff mitgehört habe. Ihm
liege an der Versammlung garnichts, doch wolle er wegen von
Kahr hingehen. Eigenartiger Weise habe ihm Ludendorff gesagt,
dass er selbst leider nicht kommen könne.

Kurz darauf passierte mir Ähnliches. Ein guter Freund wollte
wissen, ob ich den General in den Bürgerbräukeller begleiten
würde. Auf meine Gegenfrage antwortete er, er müsse zuerst
auf einen Appell der Reichskriegsflagge, käme vielleicht aber
spaeter.

Noch am Abend des 6.11., nachdem von Kahr die Führer der
Nationalsozialisten usw. verwarnt hatte, beschloss Hitler am
8.11. loszuschlagen. Dieser entscheidende Entschluss wurde,
wie mir später einwandfrei bestätigt worden ist, in der Wohnung
Scheubner-Richters gefasst. Auch Ludendorff war zugegen.
Um von Kahr, von Lossow und von Seisser und die Mitglieder der
Regierung, sowie die wichtigeren Partei-und sonstigen Führer
und die Presse sicher in die Hand zu bekommen, wurde in aller
Eile die Versammlung im Bürgerbräukeller unter harmlosen
Strohmännern in Szene gesetzt.

Bei der Anfahrt zum Bürgerbräukeller am 8. abends (ich hatte
mit dem Ia des Generalstabes den General v. Lossow zu begleiten)
standen auf der Strasse vor dem Bürgerbräukeller - wir hatten

---

*) Günther Rüdel war damals Hauptmann im Generalstab, leitete
die politische Division und war Verbindungsoffizier zwischen
von Kahr und von Lossow.

uns etwas verspätet, womit man wohl nicht gerechnet hatte -
lange Kolonnen, wie mir schien, bewaffneter
Nationalsozialisten.

Vor dem Eingang zum Keller war grosses Gedränge. Man liess
niemand herein. Ich schlug vor umzukehren. Schliesslich gelang
es aber uns Eintritt zu verschaffen. Auffallender Weise war
in der Garderobe und im Vorraum zum Saal gähnende Leere.
Der Saal selbst und die Tribüne aber waren offenbar schon lange
bis auf den letzten Platz gefüllt.

Von Lossow und von Seisser fanden mit Mühe an einem Tisch unter
dem Rednerpult Platz. Wir Begleitoffiziere standen zwischen
den Tischen. Es fiel auf, dass keiner der Führer der
Nationalsozialisten - weder Hitler, Göring, Kriebel, Röhm und
andere - anwesend waren. Man sah einige Minister, Parteileute
und Presseleute; aber es war im übrigen keineswegs das Publikum,
das man erwarten konnte.

Von Kahr, sichtlich beeindruckt durch die unruhige Atmosphäre
unter den Zuhörern, war etwa in der Mitte seiner Rede über den
Marxismus angelangt. Da wurden ploetzlich die Saaltüren
aufgerissen, und unter allgemeinem Tumult stürmte ein Haufen
bewaffneter Leute - an ihrer Spitze Adolf Hitler mit einer
Pistole in der Hand - in den Saal. Schüsse fallen, Stuck fällt
von der Decke. An den Türen erscheinen Leute mit
Maschinenpistolen auf die Zuhörerschaft gerichtet. Die meisten
harmlosen Zuhörer in den Gängen und auf den Gallerien verwandeln
sich plötzlich in Bewaffnete.

Hitler, mit vorgehaltener Pistole, rechts und links von
Bewaffneten begleitet, den Rock mit Bier übergossen, stürmt
über die Tische hinweg auf die Rednertribüne los. Als er dicht
vor uns ist, greift der Begleitoffizier v. Seissers an den Säbel.
Sofort richtet Hitler seine Pistole auf dessen Brust. Ich rufe
ihm zu: "Herr Hitler, so werden Sie Deutschland nie befreien!"
Hitler stutzt, senkt die Pistole und schiebt sich zwischen uns
durch zum Rednerpult.

Nachdem Hitler die Reichsdiktatur Hitler-Ludendorff ausgerufen
hatte, wurden von Kahr, von Lossow und von Seisser von Hitler
und einigen Bewaffneten aus dem Saal in das Nebenzimmer an der
Garderobe geführt. Während Hitler im Saale erklärte: "Die drei
Herren ringen noch immer schwer mit einem Entschluss!" gelang
es uns in die Garderobe zu kommen.

In der Garderobe standen jetzt viele Hitlerleute, manche noch
in den alten Friedens-oder Kriegsuniformen, herum. Kriebel
sagte zu mir: "Es wird alles gut gehen! In der Schönfeldstrasse
(dem Sitz des Wehrkreiskommando VII) erwartet von Lossow eine
Ehrenkompanie. Sie erhalten eine hohe militärische Stellung!"
Meine Antwort: "Ich habe kein Verständnis fuer diesen Unfug,

der bald zu Ende sein wird.*) Ich mache nicht mit, eher ziehe
ich meinen Rock aus." Bald darauf sagte mir ein ehemaliger
General höhnisch: "Na, das hätten Sie wohl nicht erwartet!"

Es war mir klar, dass der Putsch schnell niedergeschlagen werden
musste, sollte grosses deutsches Unheil verhütet werden.

Endlich kamen von Kahr, von Seisser und von Lossow mit Hitler
wieder in den Saal und gaben die bekannten Erklärungen ab.
Es fiel auf, dass besonders von Lossow sich sehr unbestimmt
und unklar ausdrückte. Ich war aber doch sehr enttäuscht, dass
von Lossow offenbar dem ausgeübten Zwang zunächst nicht hatte
Widerstand leisten können.

Beim Verlassen des Saales klärte mich aber der Begleiter des
Oberst von Seisser darüber auf, dass die Erklärungen von Lossow
und von Seisser nur Theater gewesen seien, um schnellstens wieder
die Freiheit des Handelns zu erlangen.

Im Nebenzimmer wurden nun die Beratungen fortgesetzt. Auch
Ludendorff erschien. Er war in der Nähe bereitgestellt gewesen
und sollte offenbar erst jetzt in Erscheining treten. Hitler
beauftragte ihn die militärischen Fragen zu regeln und die
erforderlichen Weisungen zu geben. Ludendorff war sehr besorgt,
was von Seekt wohl tun würde. Er war der irrigen Auffassung,
dass die Grenzen Bayerns gegen die Reichswehr des Generals von
Seekt gesichert seien.

Während dieser Unterhaltung bemerkte ich, dass Kriebel miss-
trauisch wurde. Ich sagte von Lossow, es wäre höchste Zeit
fortzukommen. Ein Zwischenfall in der Pionierkaserne mit Leuten
von Oberland gab Anlass vorzuschlagen die Truppen von der Lage
zu unterrichten und hierzu ins Wehrkreiskommando in der
Schoenfeldstasse zu fahren. Ludendorff war damit einverstnaden
und stellte in Aussicht, dass er bald nachkommen werde.

Die entscheidende Stunde war nun gekommen. Ich schlage, nachdem
wir den Bürgerbräukeller ohne Zwischenfall verlassen hatten,
dem General von Lossow vor keinesfalls in die Schönfeldstrasse
zu fahren, wenn die Absicht besteht den Putsch schnell
niederzuwerfen. Das Wehrkreiskommando sei sicher von Röhm
besetzt. Am besten würde man zunächst zur Kommandantur fahren,
die vielleicht noch frei sei, und dann in die Infanteriekaserne
und von dort die Gegenmassnahmen einleiten.

---

*) Ich erwartete nun zunächst jeden Augenblick das Eingreifen
von Seissers Polizei, die in der Nähe bereitstand, aber leider
versagte.
**) An der Nordgrenze war ein schwacher Polizeischutz gegen
die Kommunisten in Sachsen und Thüringen, die seit längerer
Zeit mit Aktionen grösseren Masstabes drohten.

In der Kommandantur waren die Generale Danner, Freiherr von
Kress und von Ruith. Sie hätten die Münchener Truppen bereits
alarmiert. Diese warteten in der Kaserne auf weitere Befehle.

General von Lossow entsendet nun die Generale von Kress und
von Ruith nach Augsburg und Regensburg und in die anderen
Standorte, um doert die Lage zu erklären und - wenn nötig
-örtlichen Widerstand zu organisieren. Von Auswärts werden
Verstärkungen der Reichswehr und Landespolizei herangezogen.

In der Infanteriekaserne, zu der General von Lossow nach
Verlassen der Kommandantur gefahren war, trafen wir auf eine
Kompanie, die Gewehr bei Fuss auf der Strasse stand. Ihr
gegenüber eine gleichstarke Abteilung von Hitlerleuten, ebenfalls
mit Gewehr bei Fuss. Nach energischem Eingreifen des Generals
von Lossow lieferten die Nationalsozialisten die Waffen ab und
verliessen truppweise den Kasernenbereich.

General von Lossow errichtete nun in der Infanteriekaserne seinen
Gefechtsstand. Bis zum frühen Morgen trafen hier nun nach und
nach auch von Kahr, von Seisser, die Offiziere des
Wehrkreiskommandos und der Landespolizei, die
unmittelbarenMitarbeiter des Herrn von Kahr usw. ein. Aus der
Schönfeldstrasse kamen verschiedene Abgesandte Ludendorffs,
die von Lossow bewegen sollten, zu Ludendorff zu kommen, oder
von Lossows Absichten in Erfahrung bringen sollten. Sie wurden
in der Mehrzahl bis zum Morgen in der Kaserne festgehalten.

In einem offenen Funkspruch an alle Heeresfunkstellen gab von
Lossow, bei dem die höchste Entrüstung über Hitler und Ludendorff
immer wieder zum Ausbruch kam, Nachricht von den Geschehnissen
und seiner Entschlossenheit den Putsch rücksichtslos
niederzuschlagen.

Noch in der Nacht kamen von den benachbarten Wehrkreisen Angebote
militärischer Hilfe. In Berlin waren bereits um 23 Uhr die
Vorgänge in München bekannt geworden. Nach kurzer Beratung
übertrug der Reichspräsident Ebert dem General von Seekt die
vollziehende Gewalt im ganzen Reiche und die Reichsexekution
gegen die Regierung Hitler-Ludendorff.

Inzwischen trafen General von Lossow und Oberst von Seisser
mit ihren Stäben alle Vorbereitungen für die entgültige
Niederwerfung der Nationalsozialisten. Man musste damit rechnen,
dass Hitler einige tausend Bewaffnete in München und Umgebung
zusammengeführt hatte.

Von besonderer Wichtigkeit schien es, das Erscheinen der Münchner
Morgenzeitung am 9.11. zu verhindern. Die Berichte der Zeitungen
über den Staatsstreich im Bürgerbräukeller konnten beim Leser
den Eindruck erwecken, dass auch die Reichswehr auf der Seite
Hitlers stehe. Um diesen falschen Eindruck über die entstandene

Lage zu verhüten, wurde der Presseleiter des Generalstaats-
kommissars beauftragt, dafür zu sorgen, dass keine Morgenblätter
mit den Berichten über den Bürgerbräukeller herauskämen.

Der Presseleiter versagte restlos. Als er mit der Redaktion
keine telefonische Verbindung erhielt, legte er sich in einer
Mannschaftsstube aufs Ohr und schnarchte friedlich, als die
Morgenzeitungen ganz München in höchste Aufregung versetzten.

Am 9.11 um 7:40 Uhr vormittags wurde der Divisionsbefehl zur
Niederwerfung des Putsches ausgegeben. Der Kommandant von
München wurde angewiesen mit einer gemischten Truppenabteilung,
besthend aus Reichswehr und Landespolizei, die zum Teil noch
in der Nacht aus Eichstätt, Ingolstadt, Landshut und Augsburg
herangeführt worden war, zunächst das Wehrkreiskommando in der
Schönfeldstrasse wieder in Besitz zu nehmen und die dort
befindlichen Aufständischen zu entwaffnen und als Gefangene
abzuführen.

Während des Vorgehens gegen das Wehrkreiskommando fielen an
der Feldhernhalle die Schüsse, die leider auf beiden Seiten
blutige Opfer fordernd, den Putsch schneller beendeten, als
man erwarten konnte.

Die Führer - ausgenommen Ludendorff - flohen und versteckten
sich, ihre Leute dem Schicksal überlassend. Damit war die
Reichsregierung Hitler-Ludendorff gewesen. Die Säuberungs-
aktionen in und um München, bei denen es sich hauptsächlich
um das Einsammeln von Waffen handelte, beanspruchten noch einige
Tage.

Der Boden für einen Umsturz der politischen Machtverhältnisse
war im Herbst 1923 äusserst günstig. Die wirtschaftliche,
finanzielle und nationale Not war gross. Allgemein setzte man
die letzte Hoffnung auf eine durchgreifende Änderung der inneren
politischen Verhältnisse. Sie war in den letzten Jahren von
den verschiedensten Seiten herbei zu führen versucht worden.
Unzufriedene und aus dem gewaehlten Lebensberuf herausgerissene
Existenzen aus allen Kreisen von Offizieren und Beamten bis
zum Arbeiter, von der extremen Rechten bis zur äussersten Linken,
strömten Hitler in München und Bayern in Scharen zu und
erwarteten von ihm eine Änderung der unerträglichen
Verhältnisse.*)

Den letzten Anstoss für Hitler hat vielleicht der Versuch des
Majors Buchrucker in Köstrin gegeben. Hitler fürchtete, es
könne ihm bei längerem Zuwarten ein anderer im Norden
zuvorkommen. Hitler hielt den Erfolg seines Unternehmens für
sicher. Er zweifelte nicht, dass der Name Ludendorff allein
genügen würde, die Reichswehr in Bayern und auch in

---

*) Eine Semmel kostete Millionen Mark

Norddeutschland auf seine Seite zu bringen. Alle anderen
Schwierigkeiten wollte er selbst meistern. Alles war in der
Stille gut vorbereitet. Er hatte brauchbare Unterführer, wie
er meinte, und genügend Waffen. Es kam nur darauf an den
richtigen Zeitpunkt zu wählen. Wie auch später fasste Hitler
damals den letzten Entschluss zum Losschlagen plötzlich und
in erregter Stimmung, nachdem ihm seine Führer über die
Besprechung im Generalaataatskommissariat berichtet hatten.

Reichswehr und Landespolizei haben vor 25 Jahren am 8. und 9.
November 1923 in weniger al 24 Stunden den Hitlerputsch
niedergeschlagen und die vefassungsmässige Gewalt in Bayern
wieder hergestellt. Führer und Truppe haben, obwohl ihnen in
diesen Tagen neben dem verehrten Feldherrn des Krieges viele
alte Kameraden, Freunde und Verwandte gegenüber gestanden, keinen
Augenblick gezögert, ihre Pflicht zu erfüllen. Nur Teile der
Infanterieschule (Fähnriche) waren von dem bekannten
Freikorpsführer Rossbeck (?) irregeleitet und Hitler zugeführt
worden.

Obwohl die Hitlerleute in der Nacht vom 8. auf 9. November
Minister, Partei-und Arbeiterführer in unwürdigster Weise
behandelten und verschleppten, und kein Zweifel bestehen konnte,
welche Auswirkungen ein auch nur vorübergehender Erfolg Hitlers
haben würde, fand die Reichswehr beim Niederwerfen des
Umsturzversuches Hitlers von keiner Seite tätige oder moralische
Unterstützung. Im Gegenteil stellte sich in der Folge -
besonders auch vor und nach dem Prozess, der statt vor dem
Reichsgericht vor dem Münchner Volksgericht stattfand - die
öffentliche Meinung und die Presse aller Richtungen in weit
stärkerem Masse gegen die Reichswehr und ihre Führer als gegen
Hitler.

Mindestens dreimal - beim Kapp-Putsch, beim Ruhraufstand und
beim Hitlerputsch - hat die Reichswehr die junge Republik von
Weimar in ihrem Bestehen gerettet und sich als zuverlässiges
Instrument zum Schutze der Verfassung erwiesen. Der grosse
Soldat und Staatsman General von Seekt hat jeder Versuchung
widerstanden, die wiederholt in seine Hand gelegte Gewalt zu
missbrauchen. Stets hat er sie nach Erreichung der ihm
gesteckten Ziele wieder in die Hand des Reichspräsidenten
zurückgelegt. Mit ihm und unter seinen Nachfolgern hat die
Reichswehr immer ihre unpolitische Haltung bewahrt und treu
zur Verfassung gestanden. So fest und unbeirrt, dass der
wiedererstandene Nationalsozialismus und Hitler vor 1933 nicht
wagten in grösserem Umfang die Reichswehr für ihre Ziele zu
gewinnen.

Der auf wenige Personen beschränkte Versuch der Gruppe Scheringer
scheiterte bereits in den ersten Anfängen. Viel ernster waren
die Versuche von links in der Reichswehr Boden zu fassen.

Die Nachfolger des Generals von Seekt, die Generale Heye, und
Freiherr von Hammerstein und der spätere Reichswehrministervon
Schleicher haben niemals den geringsten Zweifel darüber gelassen,
dass sie den Nationalsozialismus aufs Schärfste ablehnten.

In der Reichswehr hatten Hitler und seine Bewegung bis zur
Machtergreifung 1933 nur ganz vereinzelte Sympathien.
Ich kannte damals nur einen General und einen Oberst, die
begeisterte Anhänger der Ideen Hitlers waren. Auch der General
von Blomberg war ein entschiedener Gegner Hitlers.

Die Ablehnung Hitlers in der Reichswehr nahm noch zu, als Hitler
1932 gegen Hindenburg kandidierte und agitierte. Die Ablehnung
wurde damals zu schroffer, innerer Gegnerschaft. Die Reichswehr
war bis zur Berufung Hitlers zum Reichskanzler im Jahre 1933
jederzeit bereit wieder gegen Hitler anzutreten. Was sie aber
nicht durfte und auch nicht wollte, war gegen die legale Berufung
Hitlers zum Reichskanzler durch den Reichspräsidenten mit
bewaffneter Hand vorzugehen und die Verfassung, deren ehern
Schild sie in all den bewegten und stürmischen Zeiten seit 1919
war, selbst zu brechen.

Leider bleibt ihr heute, nach dem zweiten Weltkrieg, der Undank
für ihre verfassungtreue Haltung nicht erspart. Ihre Angehörigen
sind entrechtet dem Elend, der Not und der Lüge ausgesetzt,
die behauptet, die Reichswehr hätte dem Nationalsozialismus
und Hitler zur Macht verholfen.

Wenn heute eine neue deutsche Verfassung geschaffen werden soll,
so mögen ihre Schöpfer nicht vergessen, dass die beste Verfassung
nur bestehen kann, wenn der Staat über ausreichende und
zuverlässige Machtmittel verfügt, sie zu verteidigen.

Die Weimarer Verfassung war für die Verhältnisse, in denen sie
geboren wurde, gut. Sie hat sich in Sturm und Not bewährt bis
das deutsche Volk sich einen falschen Führer wählte. Dass Hitler
kam, ist nicht Schuld der Reichswehr, auch nicht der Verfassung
von Weimar, sondern Schuld des deutschen Volkes, das sich in
der grossen wirtschaftlichen und gemeinen Not von 1929 bis 1933
durch den Demagogen Hitler verblenden liess und ihm die
unbeschränkte Macht in die Hände gab.

gez. Rüdel

Anmerkung: Hauptmann Günther Rüdel war einer der Kronzeugen
gegen Hitler in dem Prozess vor dem Münchner Volksgericht, das
Hitler zu einem Jahr Gefängnis verurteilte. Hitler nutzte diese
Zeit, um das Buch "Mein Kampf" zu schreiben.